Couverture inférieure manquante

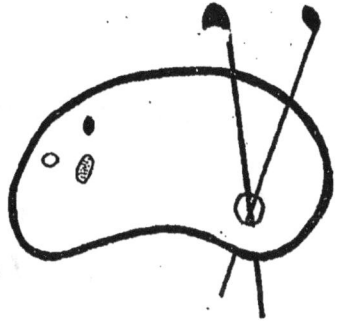

BRISSONNET

ou

ENTRETIENS AVEC UN OUVRIER

PAR

C H A R L E S   B E R T H E A U

AVEC UNE PRÉFACE

de M. JULES SIMON

PARIS

CHEVALIER-MARESCQ et Cᵉ, Libraires-Éditeurs

20, Rue Soufflot

1897

BRISSONNET

OU

ENTRETIENS AVEC UN OUVRIER

PAR

CHARLES BERTHEAU

AVEC UNE PRÉFACE

DE M. JULES SIMON

———

PARIS

CHEVALIER-MARESCQ et Cie, Libraires-Éditeurs

20, RUE SOUFFLOT.

—

1896

Villers-sur-Mer, Août.

Cher monsieur,

J'ai reçu ce matin par la poste « *Brissonnet
ou Entretiens avec un ouvrier* ». Je viens de le
lire. Il m'a suffi de deux heures pour cela ; on
peut le lire tout d'une haleine, et l'intérêt se
soutient d'un bout à l'autre.

Ce n'est pas un roman ; c'est une suite de
bons conseils dont la sagesse fait le mérite. Votre
Brissonnet n'est pas un « ouvrier de génie ».
C'est un homme d'une intelligence suffisante
et d'un esprit droit. Ce n'est pas non plus un
héros, c'est tout simplement un honnête homme.

C'est une faute, monsieur, que nous com-
mettons tous plus ou moins, d'abandonner à
elles-mêmes les personnes qui ont reçu une culture intellectuelle incomplète. Autrefois, elles
avaient la force que donne la foi religieuse. Elles
ne l'ont plus, ou du moins, elles ne l'ont plus au

même degré. Nous avons contribué à la leur en-
lever par nos exemples et par nos leçons. A la
place de ce que nous leur ôtions, qu'avons-nous
mis ? Si nous ne pouvons pas passer notre vie
à converser avec eux comme vous le faites avec
votre Brissonnet, et si tous ne sont pas des
auditeurs intelligents comme lui, nous devrions
au moins mettre en leurs mains un bon livre,
pour lequel ils se prendraient d'amitié, et qui
leur apprendrait à trouver leur chemin à travers
les difficultés de la vie.

Nous autres riches, monsieur, (je dis riches
par comparaison) nous avons presque tous une
bibliothèque. Il y a aujourd'hui plus de vingt
mille volumes dans la mienne. Pendant la première moitié de ma vie, je n'en avais pas plus
d'une centaine. Je sais par expérience qu'on aime
d'autant plus les livres qu'on a, et qu'on les
comprend d'autant mieux, qu'on en a moins.
Un artisan qui a un livre unique et qui le lit
assidûment, doit évidemment voir en lui tout à
la fois un ami et un maître. Il faut être très
scrupuleux dans le choix de ce livre, car ce qu'il
contient produira, en bien et en mal, tout l'effet
qu'il peut produire. Une idée fausse sera acceptée
de confiance et suivie aveuglément ; une idée
généreuse sera suivie avec enthousiasme et produira de bonnes actions. Je fais un juste éloge

de votre livre en disant que je le verrais avec
sécurité et avec plaisir sur une tablette où il n'y
aurait pas d'autre livre que celui-là.

Vous n'avez pas été chercher les questions qui
ne se présentent pas naturellement à l'esprit d'un
ouvrier ; celles que vous traitez sont celles qui
en effet le préoccuperont toute sa vie : le choix
d'un état, la direction de ses affaires, la paix du
ménage, l'éducation de son fils, et enfin une
question que vous n'essayez pas de grandir,
que vous ne rapetissez pas non plus, et qu'en
homme pratique, vous appelez tout uniment la
question des rapports du paroissien avec son
curé.

Vous n'êtes pas, monsieur, de ces prétendus
esprits forts, à qui tous les esprits font peur.
Vous croyez fermement en Dieu. On croit voir
que vous ne seriez pas fâché que tout le monde
allât à la messe, pourvu que ce fût de bon cœur.
Je vous ai trouvé d'une sagesse extrême dans
les conseils que vous donnez à Brissonnet le jour
où sa femme l'a quitté. Vous savez que dans
ces matières, la solution est toujours facile et
l'écueil toujours voisin.

Je vous ai trouvé un peu prompt à parler de
l'emprisonnement par voie de correction paternelle. Ce sont de ces mots qu'il ne faut pro-

noncer qu'au dernier moment, et quand on a épuisé toutes les autres ressources.

J'ai aussi une observation à faire sur le point capital du livre, c'est-à-dire sur la défense de la propriété. Je n'ai pas besoin de vous dire que je suis de votre avis sur le dogme, et sur les raisons que vous alléguez pour le soutenir. Je crois aussi que la plupart des malheureux souffrent par leur faute, et que l'action publique et privée se manifeste plus que jamais en leur faveur. Il y a pourtant des infortunes redoublées et persistantes contre lesquelles on ne peut lutter sans une énergie surhumaine, et pour le soulagement desquelles la Société ne fait pas de suffisants efforts. Pourquoi le cacher ? Ces lacunes, non mentionnées, peuvent venir à l'esprit du pauvre, et diminuer la force de vos arguments. Et d'ailleurs, puisque vous voulez les combler, vous devez avant tout les signaler. (1)

Tout le monde est appelé à travailler au bien commun. Vous conseillez à Brissonnet la résignation, l'économie, le travail ; vous devez aussi

(1) NOTE DE L'AUTEUR. — Il y aurait eu de ma part, à la fois ingratitude et présomption à ne pas tenir compte de l'observation bienveillante qui précède, émanée du maître illustre, dont je déplore, avec toute la France, la perte récente ; aussi ai-je fait mes efforts pour mettre davantage en relief, dans le premier chapitre des *Entretiens*, le sentiment de philanthropie qui s'y trouvait déjà exprimé.

C. B.

— VII —

lui conseiller l'exercice de la fraternité, sans laquelle toutes les autres qualités ne seront rien.

Dieu me préserve, en parlant ainsi, de croire que je vous apprends quelque chose ! mais il me semble qu'à votre place, j'insisterais un peu plus sur le bien à faire. Notez que c'est la vraie réponse à l'objection du mal social ; on a fait beaucoup pour le guérir, mais on fera bien plus encore ; et des hommes comme vous, monsieur, comme moi, et comme Brissonnet, pensent beaucoup plus à ce qu'il reste à faire qu'à ce qui a déjà été fait.

Bien parfaitement à vous.

JULES SIMON.

Avertissement au Lecteur

Un moraliste qui aime les travailleurs parcequ'il considère le travail comme la source la plus féconde et la plus pure de la vertu, m'a fait récemment le récit d'entretiens qu'il avait eus, en diverses circonstances, avec un ouvrier ; il m'a autorisé à le publier, mais en taisant son nom.

Le lecteur trouvera ce récit ci-après reproduit aussi exactement que ma mémoire me l'a permis. Je serai suffisamment récompensé de ma tâche de narrateur s'il peut en tirer quelque profit.

1er Entretien avec Brissonnet

Comment Brissonnet s'est établi à Marcilly-s-Saône, ses idées sur le bonheur des riches et le malheur des pauvres. Droit de propriété et droit de succession ; travail manuel et travail intellectuel ; parvenus et désœuvrés.

———

Mes premièr₂ années se sont écoulées dans un village de Bourgogne, à Marcilly-s-Saône ; c'est aussi là que collégien, puis étudiant, je venais de la ville passer mes vacances.

Le temps n'a pas affaibli le souvenir des douces émotions que j'éprouvais en revoyant l'église flanquée de sa vieille tour qui semblait protéger les habitations environnantes ; le cimetière avec ses murs tapissés de lierre, et ses cyprès clair-semés où les oiseaux saluaient, à l'aurore, le dernier sommeil de ceux qui m'avaient précédé dans la vie ; la place publique du « jeu de paume » plantée de vieux ormeaux à l'ombre desquels les écoliers s'ébattaient joyeusement jusqu'à ce que le tintement de la cloche vigilante les rappelât au travail.

Maintenant, les hasards de la destinée me tiennent éloigné de ces lieux paisibles ; mais chaque été, je suis heureux d'y venir passer quelques semaines avec les miens, loin du bruit et des affaires.

Là, j'aime à m'entretenir avec les paysans dont le travail opiniâtre triomphe des exigences du fisc et de la contrariété des saisons. Parmi eux, il en est un particulièrement qui, dans toutes les circonstances graves de sa vie, m'a choisi pour confident de ses peines et de ses espérances : c'est Brissonnet, le « grand Brissonnet », comme on l'appelle dans le village où il exerce l'état de forgeron.

Après avoir fait son apprentissage à la maison paternelle, il avait entrepris son tour de France pour épurer son goût et perfectionner sa main. Les voyages avaient développé son intelligence naturellement vive. Devenu, en quatre années de compagnonnage un habile ouvrier, il était rentré chez son père qui lui avait cédé sa forge.

Quelques mois plus tard, il avait épousé une jeune fille du village de Marçannay, situé à deux ou trois lieues de Marcilly. Sa femme, robuste comme lui, lui avait donné six enfants drus et forts, un garçon et cinq filles.

C'était un lourd fardeau pour les épaules d'un père de famille qui n'avait d'autre ressource que le travail ; le courage heureusement ne lui faisait pas défaut.

Brissonnet eût été un fainéant à ses propres yeux, si le soleil levant eût pu le voir sommeiller encore. Assidu à son atelier tout le long du jour, il ne le quittait pas avant que le soir lui eût ramené l'heure d'un repos bien mérité. Jamais il n'eût remis au lendemain la besogne qu'il pouvait terminer la veille. La rouille n'entamait aucun de ses outils. Soigneux dans les moindres travaux, il aimait à dire : « faute d'un clou, le cheval perd son fer ; faute d'un fer, la pratique perd son cheval et le forgeron perd sa pratique ». Son habileté professionnelle et sa probité scrupuleuse lui avaient attiré une nombreuse clientèle. Dans les débuts, ses charges de famille l'avaient obligé à contracter quelques dettes, mais ses fournisseurs rassurés par le bruit de son marteau qui résonnait sans cesse sur l'enclume, lui avaient volontiers accordé le crédit dont il avait besoin. Peu à peu un labeur opiniâtre avait chassé la gêne de son logis, et l'économie l'avait empêchée d'y revenir.

En dix ans, il était parvenu à amasser un petit capital. La maison qu'il tenait à bail, ayant été mise en vente, il l'avait achetée et payée comptant. Après cette acquisition, il lui restait encore quelques beaux deniers déposés à la caisse d'épargne d'Arcis-sur-Tille. L'eau qui tombe constamment goutte à goutte finit par creuser la pierre ; de même, l'ouvrier, avec un travail régulier et persévérant, peut, sou à sou, amasser une petite fortune.

Il me souvient qu'en septembre 1875, un jour qu'il faisait je ne sais quel travail dans notre domaine, j'eus avec lui une conversation assez animée. Comme je le félicitais de son acquisition toute récente, il me répondit que, depuis « la guerre », les habitants de Marcilly avaient fait de pleines récoltes et vendu leurs denrées à bon prix ; lui-même avait profité des bonnes années, l'ouvrage ne lui ayant jamais fait défaut.

— Mais, continua-t-il tristement, la destinée d'un ouvrier comme moi est, quoiqu'il fasse, de vivre malheureux jusqu'au bout.

— Vous malheureux, mon brave homme ! repris-je avec vivacité. Vos plaintes m'étonnent, car je vous croyais satisfait de votre état. Que manque-t-il donc à votre bonheur ?

— Ne suis-je pas dans la nécessité de suer sang et eau, d'user mes forces pour gagner le pain de chaque jour, sans espoir d'assurer celui de ma vieillesse ? Pour les riches, c'est bien autre chose : sans la moindre peine, ils se procurent tous les plaisirs. L'hiver, ils habitent des maisons bien chaudes d'où ils ne sortent que pour se rendre au café, au théâtre ou au bal ; l'été, ils quittent la ville dès que la chaleur y devient gênante, et vont respirer le frais à la campagne, dans leurs châteaux ou sur les bords de la mer ; rien ne leur manque, rien ne leur coûte. Nous autres, au contraire, mal logés, mal vêtus, si nous voulions avoir viande et vin sur notre table à chaque repas, nous ne parviendrions pas à joindre les deux bouts. Il est bien dur de travailler tous les jours que Dieu fait pour en arriver là.

— Où donc, mon brave Brissonnet, avez-vous appris à raisonner ainsi ?

— Il suffit, monsieur, d'ouvrir les yeux pour voir quel est le train du monde.

— Ainsi, vous enviez le sort des riches.

— Leur sort me semble préférable au mien.

— Et vous êtes persuadé qu'ils sont heureux par cela seul qu'ils sont riches ?

— Je crois, monsieur, que si la fortune ne fait pas le bonheur, elle y contribue beaucoup, puisque ceux qui la détiennent n'ont qu'à allonger le bras pour atteindre tout ce qui leur plaît.

— Je n'ose vous blâmer, mais je vous plains sincèrement, mon pauvre ami, d'apprécier ainsi l'inégalité des conditions et de vous forger une idée fausse du véritable bonheur. Je vous plains, parce que votre erreur est de nature à éloigner de vous cette félicité après laquelle vous soupirez, et qui est bien plus près de vous que vous ne pensez. Je vous plains enfin (pardonnez-moi ma franchise) de prêter l'oreille à la voix de l'envie dont les dents acérées rongent à la fois le corps et l'âme.

— Il existe, à Marcilly, bien des gens qui pensent comme moi et qui, s'ils ne connaissaient votre bon cœur, croiraient en vous écoutant, que vous voulez rire à nos dépens.

— Je vous affirme, Brissonnet, que je parle très sérieusement.

— Faut-il donc admettre que les ouvriers soient plus heureux que les riches ? Pour moi, ce serait le monde renversé.

— La vie heureuse et la vie oisive sont deux choses bien différentes, car il n'est pas de plus grand ennemi du bonheur que l'oisiveté. Les riches qui font un mauvais usage de leurs loisirs et de leur argent, sont malheureux, car ils sont coupables. Au contraire, les ouvriers laborieux, rangés, qui savent se contenter de la condition que Dieu leur a faite, sans convoiter ce que les autres possèdent, suivent le chemin qui mène au bonheur.

Il n'existe, n'est-ce pas, que deux catégories de riches : ceux qui ont acquis la fortune par eux-mêmes, et ceux qui l'ont recueillie par voie d'héritage.

Les premiers sont, en général, des travailleurs intelligents et courageux. De bonne heure, ils ont appris non seulement comment on gagne, mais aussi comment on économise. Sachant que l'œil d'un maître fait plus d'ouvrage que ses deux mains, ils ne se reposent sur personne du soin de surveiller leurs intérêts. Ponctuels dans leurs engagements, honnêtes dans toutes leurs affaires, ils marchent au succès avec assurance. « Aide-toi, le ciel t'aidera » ; voilà leur devise et l'unique secret de leur prospérité.

On les traite parfois dédaigneusement de « parvenus », mais est-il rien de plus honorable que de parvenir par de semblables moyens ? On les accuse d'orgueil ; une telle critique ne saurait les atteindre : ils sont, en réalité, aussi modestes que bienfaisants. Ils recherchent les jeunes gens de mérite, leur enseignent à faire un utile emploi de leur temps — c'est-à-dire de l'étoffe dont la vie est faite — et leur montrent la voie dont ils ne se sont jamais écartés, celle du devoir et de la vertu.

Quant aux plaisirs, ils les méprisent ou plutôt ils n'ont pas le loisir d'y penser ; l'amour du travail et de la famille les absorbe tout entiers. Dans un pays libre comme le nôtre, combien ne rencontre-t-on pas de gens qui, sortis des rangs du peuple, se sont élevés par leur seul mérite, à une situation brillante ! Plus de la moitié des directeurs d'usines et de manufactures ont commencé par être de simples ouvriers. Les fortunes les plus importantes sont amassées par des gens qui, dans leur jeunesse, ont connu la gêne et parfois la misère. C'est l'honneur de l'industrie française, et j'en suis fier pour elle.

Ceux qui veulent parvenir à leur tour, ne doivent pas oublier que les situations durables, bien acquises, sont avant tout, faites d'une longue patience. Qu'ils s'accommodent des lenteurs de Dieu, suivant le précepte du prophète Isaïe : « Attendez, attendez encore ». Si l'attente nous rebute, nous nous exposons à perdre le mérite et le profit de nos efforts, tandis que celui qui travaille et espère, a la longue vie dans sa main droite et la fortune dans sa main gauche.

— J'admire les parvenus de cette trempe et je m'incline avec respect devant eux. Mais on entend parler quelquefois d'individus qui, partis de bien bas, sont montés bien haut, par des sentiers tout différents.

— Sans doute, Brissonnet, il est des intri-
gants, des coureurs de successions, des écumeurs
de Bourse, qui s'enrichissent par de vils moyens.
Mais le temps respecte peu, d'ordinaire, ce
qu'on a fait sans lui : le bien mal acquis profite
rarement à l'acquéreur. Aussi voit-on les fortunes édifiées avec rapidité, s'écrouler de la
même manière.

Tous ces aventuriers enrichis de la veille, aux
dépens d'autrui, gaspillent le lendemain, en excès
de toutes sortes, le produit de leurs méfaits ;
bientôt ils logent le diable en leur bourse, c'est-
à-dire qu'ils n'y logent rien du tout. Après avoir
été, dans l'opulence, un objet de mépris, ils
deviennent, dans la misère, un objet de pitié.
Si l'on eût montré à tous ces coquins les avantages de la vertu, ils seraient sans doute devenus
honnêtes par coquinerie. Ils ne se soucient que
d'être habiles, et ils ignorent que l'honnêteté
est la suprême habileté. C'est là pourtant une
vérité aussi éclatante que la lumière du jour,
une vérité établie par l'expérience de tous les
âges. On peut en croire le bon Franklin, un
parvenu aussi, celui-là : « Je demeurai convaincu,
a-t-il dit, que la sincérité, l'intégrité dans les
transactions entre les hommes, étaient de la plus
grande importance pour le bonheur de la vie,
et je formai par écrit la résolution de ne jamais

m'en écarter tant que je vivrais ». Laissons-donc de côté, Brissonnet, tous ces chevaliers d'industrie qui ne valent pas la peine qu'on s'occupe d'eux. Ainsi à côté des parvenus, fils de leurs œuvres, véritables pionniers des travailleurs, il n'existe qu'une autre classe de riches, je veux parler de ceux qui ont trouvé la fortune dans la succession paternelle.

Ceux-là sont-ils heureux ? Oui, dans la mesure où ils le méritent.

Comment ont-ils pu mériter le bonheur puisqu'ils n'ont pas pris d'autre peine que celle de naître?

— Vous avez, mon ami, un jugement trop droit pour ne pas comprendre que la loi civile qui attribue aux enfants la succession de leur père et mère, est conforme aux sentiments les plus intimes de notre être et nécessaire à l'activité humaine.

— Je n'accuse pas le Code ; au contraire, je le trouve très sage. Quelque maigre que soit mon avoir, j'entends bien qu'à ma mort il soit dévolu à mes enfants. S'il devait en être autrement, je serais bien sot de battre le fer pendant que mon voisin se repose.

— Vous êtes dans le vrai, Brissonnet ; souffrez donc que le riche se place également sous l'égide du code. La loi successorale qui constitue la base de la famille et de l'ordre social, repose elle-même sur les idées simples et justes que vous venez d'exprimer. Cette loi, vous le voyez bien, est tellement enracinée dans le cœur humain, qu'on ne pourrait l'en arracher sans causer de cruels déchirements et sans ravaler du même coup l'homme civilisé au niveau du sauvage.

Mais, que dis-je ? Les sauvages connaissent le droit de propriété, lequel engendre à son tour le droit héréditaire. Les voyageurs qui s'aventurent au milieu d'eux, les voient tous en quête de la proie qui les nourrit. Cependant, dès que l'un d'eux a saisi la sienne, nul ne se croit autorisé à la lui disputer. La flèche, le carquois, le produit de la pêche et de la chasse, voilà la propriété de chacun d'eux, propriété bien minime sans doute, mais propriété dans toute la plénitude du droit.

C'est donc un fait primitif, dérivé de la nature même de l'homme, inhérent à son existence. Si la propriété est sacrée chez l'homme primitif, ne l'est-elle pas davantage encore chez celui qui réalise son occupation par le travail, qui, par son intelligence et son activité, féconde la place qu'il occupe ? L'en expulser malgré sa volonté, ce serait faire violence à son droit et commettre un odieux attentat.

Il n'y a, pour les êtres animés, que deux manières de vivre : l'une, celle de la bête qui se repaît de la nourriture placée à sa portée, pour la digérer et se reposer jusqu'à ce que son appétit renaisse ; l'autre, celle de l'être intelligent qui transforme les créations de la nature et recueille dans l'amélioration de son sort primitif, le légitime salaire de ses efforts.

Il est certain d'ailleurs que les peuples de l'Europe les plus prospères sont ceux chez lesquels la loi garantit à tous les citoyens, depuis le plus long temps, les bienfaits de la propriété individuelle. En Asie, au contraire, si la richesse publique et privée ne prend pas l'essor merveilleux que l'on constate en Europe, c'est parce que la propriété n'est pas suffisamment protégée.

Les travailleurs dont nous parlions tout à l'heure, qui se sont enrichis par leur intelligence et leur activité, ayant sur leur fortune un droit sacré, absolu, peuvent en jouir et en disposer à leur aise : prêter, louer, vendre, léguer, donner, comme bon leur semble, à qui bon leur semble.

Au droit de donner, de léguer, chez les uns, correspond nécessairement celui de recevoir, chez les autres. Ainsi, vous le voyez, le droit de propriété engendre le droit de succession ; le second est la conséquence du premier ; celui-ci serait incomplet si celui-là n'existait pas.

Tenez, je me souviens d'une objection sans réplique que M. Thiers faisait naguère aux

adversaires de la propriété individuelle. « La
propriété est ou n'est pas ; si elle est, elle entraîne le don ; si elle entraîne le don, elle
l'entraîne pour les enfants comme pour les
indifférents ; sinon l'homme, n'ayant plus que
lui-même pour but, s'arrêterait au milieu de sa
course, dès qu'il aurait acquis le pain de sa
vieillesse et, de peur de produire l'oisiveté du
fils, vous auriez commencé par ordonner l'oisiveté du père ».

Réformer la Société dans ce sens, ce serait
vouloir le progrès à rebours, et tomber de mal
en pis. Que dis-je ? Ce serait substituer le mal
au bien, l'iniquité à la justice.

Tous ces défauts physiques et intellectuels,
toutes ces imperfections, toutes ces maladies,
qui forment le triste apanage de beaucoup
d'hommes, dès leur naissance, pouvons-nous
oublier que, par la volonté de Dieu, c'est de
leurs parents qu'ils en héritent ? Dès lors, l'enfant pourrait-il équitablement être privé par la
volonté des hommes, de la fortune de ceux qui
lui ont donné le jour ? Les père et mère qui
transmettent à leur fils leur sang, leur vie et
jusqu'aux traits de leur visage, ne sont-ils pas à
bon droit autorisés à lui transmettre leur bien ?

Le fils du millionnaire et celui de l'artisan
ont l'un et l'autre sur la succession de leur

père, des droits aussi légitimes que ceux du
père lui-même sur son patrimoine.

Les lots seront inégaux, mais cette inégalité
ne paraît choquante qu'à ceux qui aiment mieux
émettre sur toutes choses un jugement super-
ficiel, que de prendre la peine de les approfondir.
Que l'état actuel de la Société ne réalise pas la
perfection absolue, je l'admets ; mais il n'y a
rien de parfait dans les œuvres humaines, et les
plus sages législateurs n'ont jamais rien trouvé
de plus équitable que ce que nous avons sous
les yeux.

Sans doute, dans sa sagesse profonde, Dieu
n'a pas voulu qu'il en fût autrement. Si lui-même
accorde à tous les hommes des droits naturels,
égaux et imprescriptibles, il ne répartit pas ses
dons entre eux de la même manière : aux uns
il prodigue la force, le talent, le génie ; aux
autres, il refuse jusqu'aux facultés primordiales
en les faisant naître crétins, chétifs ou mori-
bonds ; il crée des faibles et des forts, des
insensés et des sages.

Et cependant, qui oserait douter de la justice
infinie et de la souveraine bonté du Créateur ?

Inclinons-nous donc avec respect devant ses
décrets, bien que les motifs en restent impéné-
trables à notre intelligence bornée. « Tous les
inconvénients que nous voyons, toutes les diffi-

cultés que l'on peut faire, a dit un grand philosophe, n'empêchent pas qu'on ne doive croire
raisonnablement qu'il n'y a rien de si élevé que
sa sagesse, de si juste que ses jugements, de si
pur que sa sainteté, de si immense que sa bonté ».

Mais, si le fait seul de la naissance établit des
droits précieux pour les fils de famille, il leur
impose aussi des devoirs. Parmi ces hommes,
Brissonnet, il en est heureusement qui savent
mesurer l'étendue de leurs obligations morales.
On disait jadis : « Noblesse oblige », par allusion
aux privilèges des nobles ; aujourd'hui, il est
permis de dire aux riches : « Fortune oblige ».
Ceux dont je parle ne l'oublient pas. Ils savent
que la naissance et la richesse ne suffisent pas
pour faire des gens de bien ; que le complément
de ces avantages est le mérite personnel qui
peut les soutenir et les conserver, et l'esprit de
justice qui en dicte le bon emploi ; ils n'ont ni
la folie ni le grossier orgueil de la fortune, mais
au contraire le goût des libéralités sans faste et
de la charité sans bruit. Nul n'a le droit d'exiger
d'eux la moindre parcelle de leurs biens, de leur
en dérober une simple obole ; cependant ils se
font un devoir de distribuer leur superflu à ceux
qui manquent du nécessaire.

Aussi, en face de la misère qui étend ses ra-
vages, la philanthropie multiplie-t-elle les insti-

tutions de bienfaisance. Tenez pour certain que
les bons riches ne sont pas plus rares à notre
époque qu'à aucune autre.

L'histoire raconte que des généraux du temps
passé, aussi modestes dans leurs goûts qu'illus-
tres par leurs talents, ne dédaignaient pas, en
temps de paix, de conduire la charrue et de gar-
der leurs troupeaux. Saint-Paul engageait les
chrétiens de toute condition à travailler la terre
et à préparer leur nourriture de leurs propres
mains, et le grand apôtre leur donnait le bon
exemple en conformant ses actes à ses paroles.

Demander le retour à la pureté de ces mœurs
primitives, ce serait peine perdue. Mais, pour
être le travail par excellence, le travail manuel
n'est cependant pas le seul par lequel l'homme
puisse se conformer à la sainte loi de Dieu. Les
œuvres de l'intelligence, non moins pénibles que
celles des mains, ont aussi leur mérite ; en pro-
voquant le progrès des arts et des sciences, elles
augmentent le bien-être général. La carrière
qui s'ouvre de ce côté pour les esprits distingués
est bien séduisante, mais aussi bien périlleuse.
Combien ont vidé jusqu'à la lie le calice amer
de la douleur, avant de parvenir à faire germer
dans le monde une idée féconde ! Combien même
désespérés, découragés par des obstacles sans
nombre, ont succombé dans la lice avant de

pouvoir forcer les portes du succès ! L'attente, toujours longue en pareil cas, est évidemment moins pénible pour ceux qui sont nés dans l'opulence que pour d'autres. L'inégalité des richesses apparaît ainsi comme l'un des moyens auxquels il a plu à Dieu de recourir pour faciliter l'élévation progressive de l'humanité.

Sont-ils des oisifs, ces écrivains qui exercent leur talent pour fortifier chez leurs lecteurs l'amour du beau et du bien ? Ces peintres dont le génie flétrit le vice et honore la vertu, sous des traits impérissables ? Ces architectes, ces sculpteurs qui construisent ou décorent des monuments consacrés au culte de la divinité ou à la gloire de la patrie ?

N'est-ce pas un travailleur admirable entre tous, le savant qui, comme M. Pasteur, consacre ses veilles à étudier la nature, afin de lui dérober des secrets qui permettent de diminuer les épidémies et d'accroître les productions utiles ?

N'est-ce pas un travailleur dévoué le médecin qui, dans les hôpitaux, prodigue les secours de son art à des malheureux atteints d'affections contagieuses, exposant à chaque instant sa vie pour sauver la leur ? N'est-ce pas un travailleur héroïque le général qui, sur le continent comme au-delà des mers, porte fièrement le drapeau de

la patrie, augmente ses possessions, son influence, les débouchés de son commerce et, après
de longues fatigues, expire au loin en reportant
sa dernière pensée vers elle? N'est-ce pas un travailleur sublime le missionnaire qui, abandon-
nant sa famille et ses amis, va enseigner à des
peuples barbares et souvent cruels, les dogmes
religieux, en même temps que la langue et les
coutumes de son pays? De tels hommes font plus
que de donner aux pauvres leur superflu ; ils se
sacrifient pour soulager ceux qui souffrent et
agrandir le domaine de la civilisation. Saluons
leur dévouement avec une admiration reconnais-
sante.

Il existe, je le reconnais, plus d'une ombre à
ce tableau. La terre, cette vallée de larmes,
deviendrait un lieu de délices, si tous les hommes
qui n'ont pas besoin de travailler pour vivre,
comprenaient qu'il est honteux de vivre sans
travailler. A côté des bons riches, charitables et
dévoués, il en est, hélas ! de mauvais, égoïstes
et efféminés. L'Evangile les maudit en ces ter-
mes : « Malheur à vous qui avez votre consolation dans ce monde ! Il serait plus facile à un
chameau de passer par le trou d'une aiguille qu'à
vous d'entrer dans le royaume des cieux ».

Cette consolation même dont parlent les livres
saints n'est pas de longue durée. Aveuglés par

la prospérité, ignorant jusqu'aux moyens par lesquels avait été acquise la fortune dont ils ont hérité, ils s'imaginent qu'ils pourront saisir le bonheur dans le désœuvrement. « Il est jour, disent-ils, et il ne fera jamais nuit. Vivons à l'abri de toute inquiétude. Chacun pour soi, telle est la loi du monde ». Erreur dangereuse ! Illusion funeste ! Ils apprendront bientôt que les loisirs continuels engendrent des peines fâcheuses, et que nul ne doit repousser les misérables, nul ne pouvant s'assurer d'être toujours heureux. Mais les leçons coûtent cher, à l'école de l'expérience, et c'est la seule, dit-on, où les insensés puissent s'instruire.

L'avare Harpagon écrivait sur les murs de sa salle à manger, que, « l'homme doit manger pour vivre, et non pas vivre pour manger ». J'approuverais les désœuvrés d'en faire autant, non par avarice, mais par crainte des excès ; je leur conseillerais même de compléter ainsi cette inscription : « l'oisiveté, mère de tous les vices, ressemble à la rouille ; elle use plus que le travail ».

Quelles que soient sa fortune et sa condition, l'homme est né pour travailler. De par la volonté divine, la peine est en avant de la vertu. Nul ne peut se soustraire impunément à la nécessité du travail, c'est-à-dire à l'ordre même de la nature, lequel, comme établi de Dieu, demeure et ne fléchit pas.

Que les riches se créent des occupations en rapport avec leurs goûts, avec leurs dispositions naturelles, rien de mieux. Mais qu'ils emploient leur temps d'une manière utile aux autres, car ils n'ont pas d'autre moyen de se rendre utiles à eux-mêmes. L'activité est la sauvegarde de la santé et de la paix du cœur.

Vous ne savez pas, vous, heureux Brissonnet, quel est l'ennemi redoutable des désœuvrés, qui les poursuit partout ; qui, soit à la ville au sein des fêtes, soit à la campagne sous les frais ombrages, s'attache à leurs pas comme une ombre ?

— Ma foi, monsieur, je n'en sais rien, mais je m'imagine qu'en menant cette existence, ils n'ont guère le temps de s'ennuyer.

— Détrompez-vous ; c'est justement l'ennui qui les accable. A la longue, leurs sens s'émoussent, leur esprit s'engourdit, leur cœur se blase. Toutes ces soirées, ces spectacles où ils accourent, les fatiguent et les énervent. Si la bienséance ne les retenait, ils y bâilleraient volontiers et s'écrieraient : « Dieu que je m'ennuie ! » En voyant tous ces « inutiles » afficher le mépris du travail, vous enviez leur félicité apparente, vous les appelez les heureux de la terre. Eh bien ! ce sont de vrais esclaves, esclaves de leurs plaisirs et de leur sotte vanité. Nul fardeau n'est plus lourd que celui que leur imposent l'oisiveté et la dissipation, nulle servitude plus intolérable que leur servitude volontaire.

Sollicitées par un genre de vie aussi déplorable, les passions ne tardent guère à entrer en jeu. Après avoir vidé la coupe des plaisirs permis, le désœuvré finit par tremper ses lèvres brûlantes à celle des plaisirs défendus : c'est ainsi que l'honneur du foyer domestique est souillé ; que les serments solennels sont violés, tous les devoirs méconnus, foulés aux pieds. Il se lance à corps perdu dans la débauche, et il marche à grands pas vers la ruine. Par l'hypocrisie et le mensonge, il sauve les apparences pendant quelque temps, mais bientôt la catastrophe éclate. Vieilli avant l'âge, réduit à la misère, il passe tristement devant les palais que ses ancêtres avaient acquis par leurs mérites et qu'il a livrés, par sa folie, aux mains de l'un de ces parvenus qu'il dédaignait naguère. Le travailleur, fils de ses œuvres, a conquis la place du désœuvré qui n'a connu la valeur de l'eau que lorsque le puits était à sec, qui a déjeuné avec l'abondance, dîné avec la pauvreté et soupé avec la honte.

L'oisiveté, avec son cortège de vices, est la principale cause de la déchéance de beaucoup de familles dont le passé n'a pas été sans gloire.

— Que j'étais donc simple de me mettre martel en tête pour des chimères ! maintenant je reconnais mon erreur.

— Oui, reconnaissez, Brissonnet, que tout ce qui brille n'est pas or, et qu'un manant sur ses pieds, est plus grand qu'un gentilhomme à genoux. Ne jugez plus, sur les apparences, du bonheur qui, loin d'être l'apanage de tous les riches, n'appartient qu'à ceux qui savent faire un bon usage de leur temps et de leur richesse.

En pareille matière, c'est la fin surtout qu'il faut considérer ; c'est seulement en effet lorsque la dernière heure d'un homme a sonné qu'on peut dire ce qu'a été son existence.

Eh bien ! si, en un même jour, nous pouvions assister à l'enterrement de dix individus pris au hasard, dans toutes les conditions, et nous faire narrer les principaux évènements de leur vie, nous verrions que la somme de bonheur dévolue à chacun d'eux a été proportionnée à son amour du travail et de la vertu ; que le plus honnête, si modeste que fût sa position, a été le plus heureux, et que le plus perverti, quelque brillante qu'eût été son origine, a été le plus malheureux.

Cette expérience recommencée dix fois, cent fois, nous donnerait toujours les mêmes résultats.

Je vous l'affirme, Brissonnet, parceque c'est la vérité. D'ailleurs, s'il en était autrement, nous aurions le droit d'accuser le ciel d'injustice. Par la force des choses, les richesses seront toujours inégalement réparties entre les hommes, mais cette situation n'a rien de contraire à l'équité ; elle ne blesse que l'envie développée par des conseils funestes surtout à ceux qui les écoutent. La seule égalité que les lois puissent garantir aux citoyens, c'est l'égalité des droits. Sous tout autre rapport, l'inégalité est inévitable. Dans une démocratie où tous les citoyens sont libres, chacun recueille selon son mérite, selon ses œuvres, la part d'influence, d'honneurs et de richesses à laquelle il a réellement droit. C'est ainsi que se développe en paix l'édifice vivant d'une population laborieuse et intelligente : le bonheur est l'apanage de tous ceux qui savent s'en rendre dignes.

Mais, ne l'oubliez pas, il n'y a pas de bonheur sans vertu, et pas de vertu sans amour du travail. Le travail intellectuel ou manuel, peu importe, est la clef de voûte de toute existence heureuse. C'est toujours à cet axiôme de l'ordre moral qu'il faut en revenir, car il est aussi absolu que les axiômes des sciences mathématiques. Je ne me lasserai pas de le répéter : plus on est travailleur, plus on est heureux ; au contraire, plus on gaspille son temps dans la poursuite énervante des plaisirs, et plus on est à plaindre.

— Merci, monsieur, vos bonnes paroles m'ont fait reprendre courage. Les écrits que j'avais lus, les beaux parleurs que j'avais écoutés, de côté et d'autre, en faisant mon tour de France, m'avaient faussé l'esprit. Mais, en dessillant mes yeux, vous venez de doubler mon ardeur à la besogne.

— Loin de moi, Brissonnet, la pensée de vous imputer à crime les idées chimériques dont vous aviez l'esprit imbu ! Il n'y a rien de nouveau sous le soleil : de tout temps les hommes se sont montrés mécontents de leur condition et plus enclins à envier ce qu'ils ne pouvaient avoir, qu'à jouir en paix de ce qu'ils avaient. Un ancien a dit avec raison que l'envie était le principal pivot sur lequel roulait la vie des hommes. Il en est encore de même aujourd'hui et en ce point, je le crains fort, nos arrière-neveux ne se montreront pas plus raisonnables que nous. L'ouvrier ne cesse de dire : « Que je suis malheureux de ne pas posséder même le toit qui m'abrite ! » L'artisan, logé chez lui, se désole à son tour : « Hélas ! que ne disposé-je, comme tant d'autres, d'un petit capital pour pour établir mes enfants et assurer le pain de mes vieux jours ! » Le rentier qui possède cinquante mille francs envie le sort de tel autre qui en possède deux cent mille, et celui-ci gémit sur sa destinée en jalousant son voisin, châtelain ou manufacturier, qui passe pour être millionnaire. Sommes-nous assez fous d'élever constamment les regards avec avidité vers des gens plus fortunés que nous, au lieu de les abaisser avec compassion sur de plus pauvres !

Faisons donc trêve aux pensées envieuses et chimériques ; aimons notre métier et cherchons à améliorer notre sort par le travail, sans nous inquiéter outre mesure de l'avenir. A chaque jour suffit sa peine. Préservons notre esprit du souffle glacé des chagrins, et vivons indépendants. Pour l'ouvrier qui sait se contenter de ce qu'il a, l'indépendance est un sort heureux qui le place au niveau des financiers tout cousus d'or.

Si votre tâche, à vous forgeron, est plus rude que la leur, votre repos est plus doux. Cessez de vous plaindre, puisque le ciel qui ne vous épargne pas la peine, ne vous a pas non plus mesuré d'une main avare le plaisir qui la suit.

Je m'éloignai sur ce dernier mot, satisfait d'avoir montré à un brave artisan que le bonheur était sur sa route, et lui, devenu plus gai, reprit en chantant le travail interrompu.

II

**Elections législatives de 1876. Brisson-
net hésite à voter. Il gémit sur le mal
que les révolutions et les partis ont
causé à la France. Dangers de l'indifférence politique — Si l'on peut compter
sur le prochain établissement en France
d'un gouvernement définitif. — Intolérance de quelques camarades de
Brissonnet. Garanties que l'on doit
exiger de tout candidat aux fonctions
électives.**

———

En février 1876, quelques jours avant les
élections législatives, je fus appelé à Marcilly
par une affaire personnelle. Dès qu'il connut
mon arrivée, le grand Brissonnet vint me consulter sur un petit différend que la jouissance
d'un passage avait fait naître entre lui et l'un
de ses voisins. Après examen de son titre
d'acquisition, je lui déclarai que ses prétentions

me paraissaient quelque peu contestables.

— S'il en est ainsi, me répondit-il, n'en parlons plus. Il n'y a pas là de quoi fouetter un chat, et je ne voudrais pas, pour une vétille, me brouiller avec un vieux camarade.

— Vous faites bien, Brissonnet, de laisser cette question de côté ; je vois avec plaisir que le bon sens vous tient lieu de code. Vous engager dans un procès, ce serait vous exposer à maints ennuis, sans compter les pertes de temps et d'argent. Autrefois, paraît-il, l'huître était pour le juge, et l'écaille pour les plaideurs. Aujourd'hui, si le juge s'éloigne du prétoire les mains vides, il n'en est pas de même du fisc et des hommes de loi, de sorte qu'il en coûte cher pour avoir raison et encore plus pour avoir tort. Mais je ne veux pas prêcher un converti ; parlons d'autre chose. Voici venir le jour des élections. Que dit-on de la politique à Marcilly ?

— A l'occasion, monsieur, chacun dit son mot, d'après son journal. M'est avis toutefois qu'au dernier moment, beaucoup d'électeurs ne sauront pas choisir entre nos deux candidats. Quant à moi, je ne sais même pas si j'irai voter.

— Gardez-vous, mon ami, d'une pareille indifférence. Le droit de vote accordé depuis trente années à tous les citoyens français, leur impose un devoir, celui d'en user dans toutes les élections.

Mais, si vous pouvez disposer de quelques instants, je reprendrai les choses d'un peu plus haut, et vous comprendrez facilement l'importance de cette question.

Vous savez, Brissonnet, que jusqu'à la fin du siècle dernier, les Bourbons régnaient en France et qu'ils se succédaient sur le trône par le droit héréditaire qu'ils qualifiaient même de droit divin ; mais, depuis la Révolution de 1789, tout est bien changé ; nos pères, par des efforts surhumains, ont substitué au principe de la souveraineté du roi, *la déclaration des droits de l'homme et du citoyen,* c'est-à-dire le principe de la souveraineté du peuple.

C'était, comme vous le voyez, un bouleversement complet des idées reçues jusque-là, qui devait soulever les plus vives protestations. Depuis cent ans, que n'a-t-on pas dit, écrit, publié en faveur de l'ancien état de choses, comme aussi en faveur du nouveau ! Il en est, mon ami, des principes politiques comme des grands événements : les uns et les autres donnent lieu à des appréciations contraires, à des discussions aussi confuses que passionnées.

Avec le temps, la lumière s'est faite sur certains points que la passion avait d'abord obscurcis ; peu à peu, l'accord s'est établi dans

les esprits. A part quelques personnes dont
nous devons respecter les convictions sincères,
tous les hommes d'Etat, tous les partis admettent,
à l'heure actuelle, le principe de la souveraineté
du peuple. Je m'empresse d'ajouter qu'ils ont
raison, car rien n'est plus juste que ce principe.
« Là où sont les charges, là doivent être les
profits » ; c'est le bon sens qui proclame cette
vérité. Ainsi vous n'admettriez pas, lorsque
vous avez fabriqué une charrette avec votre fer
et votre bois, qu'un autre eût le droit d'en toucher
le prix.

— Ma foi ! monsieur, je pense que toute
peine mérite son salaire, sinon personne ne
voudrait faire œuvre de ses dix doigts.

— Voilà qui est bien évident. Or, en France.
c'est la nation tout entière, sans distinction
d'origine, de nom ou de fortune, qui supporte
les charges, impôts d'argent et impôts du sang :
donc c'est aussi la nation tout entière qui doit
être appelée à l'exercice du pouvoir.

Le peuple est, suivant toute justice, le seul
maître de ses destinées. L'essence de l'Etat, de
la politique, c'est la pratique sociale de la
justice. Ce qui est juste, voilà ce qui est utile
dans les affaires publiques, comme dans les
affaires privées ; dans le gouvernement d'un
grand pays tel que la France, aussi bien que

dans la boutique d'un forgeron.

S'il y a en France dix millions d'électeurs, chacun d'eux est investi d'un dix-millionnième de la souveraineté nationale ; mais, comme les électeurs sont trop nombreux et trop disséminés pour pouvoir délibérer en commun, ils délèguent pour un temps déterminé leurs pouvoirs à des mandataires ; c'est précisément ce que nous aurons tous à faire dans quelques jours.

— Je trouve bien fait ce qu'on a fait. Mais, pour nous autres gens du peuple, l'important est de gagner notre pain de chaque jour et d'élever nos enfants. Que ce soit tel ou tel qui détienne le pouvoir, notre salaire n'en sera ni moins ni plus élevé. C'est l'affaire des journalistes et non pas la nôtre de juger les actes des ministres.

— Sans doute, Brissonnet, tout le monde ne peut pas être ministre, député ou journaliste. Mais les citoyens qui ne font pas de la politique l'objet de leurs continuelles préoccupations, seraient cependant coupables de s'en désintéresser complètement. Ambitieux et aventuriers auraient en effet beau jeu pour faire litière de toute vérité, semer des idées fausses, exciter les citoyens à la haine les uns des autres et édifier leur fortune particulière sur la ruine publique. Alors notre malheureuse patrie ressemblerait à un vaisseau qui, lancé sur mer sans pilote ni boussole, ballotté par les flots d'écueils en récifs, marche à une perte certaine.

Qui n'a présents à la mémoire les malheurs de l'année terrible ? La France porte encore au flanc la trace saignante des blessures qu'elle reçut alors de ses cruels ennemis. Plus de cent cinquante mille jeunes gens, l'espoir de la nation, ont succombé sur les champs de bataille, dans les hôpitaux ou dans les prisons allemandes, par le fer ou la faim, par le froid ou la misère. Plus de dix milliards ont été dépensés soit à soutenir la guerre, soit à acheter la paix. Que de familles ont été frappées à la fois dans leurs affections les plus chères et leurs intérêts les plus précieux ! Celles-là même qui n'ont pas été directement atteintes, supporteront longtemps encore les charges résultant de la « Guerre » et de la « Commune ». Eh bien ! en 1870, en 1871, pendant que le destin sourd à nos prières, semblait conspirer avec nos ennemis à la ruine de la France, chacun de nous cherchait à écarter de lui-même la responsabilité du malheur commun. Je me souviens qu'alors un homme courageux éleva la voix pour dire : « Soyons sincères et ne cherchons pas, comme Ponce Pilate, à nous laver les mains de ce qui arrive. En conscience, avouons devant Dieu que tous nous avons contribué peu ou prou à attirer sur notre patrie les maux dont elle gémit. Oui, chacun de nous est coupable et son degré de culpabilité se mesure par les lumières qu'il possède et par le pouvoir qu'il a pu détenir ».

Nous commettrions donc le crime de lèse-patrie si, oublieux de cet avertissement du ciel, nous négligions désormais nos devoirs de citoyens.

Le premier de tous est de nous instruire des principales questions qui intéressent notre pays, sous peine d'être comme une cire molle qu'on pétrit à la main, ou comme une machine qu'un ouvrier habile dirige à son gré. Que de gens trouvent commode d'abandonner à la direction d'autrui les affaires publiques qui sont les leurs, et de récriminer dès qu'elles marchent de travers ! Mais, avant de blâmer les fautes commises, ils devraient commencer par faire leur examen de conscience. Depuis qu'ils sont au monde, quel mal se sont-ils donné pour comprendre le premier mot des choses qu'ils critiquent ? Suffit-il donc d'écouter l'avis du premier venu pour voir clair dans des questions obscures ? « Si vous voulez que vos affaires se fassent, dit le proverbe, allez-y vous même ; si vous voulez qu'elles ne se fassent pas, envoyez-y un autre ». De même, si vous voulez user

sagement de votre droit de vote, apprenez à
juger choses et gens par vous même ; c'est le
seul moyen de remplir votre devoir envers la
Patrie.

— Je sais bien qu'il faut s'éclairer avant de
voter. Mais, en politique, pendant que les uns
nous disent blanc, les autres nous disent noir.
Comment découvrir la vérité dans toutes ces
contradictions ? Tel que l'on portait hier aux
nues, est mis aujourd'hui « bas comme terre ».
N'y a-t-il pas, en vérité, de quoi jeter le manche
après la cognée ?

Je ne suis pas un bachelier. Dès que j'eus renouvelé ma première communion, mon père me retira
de l'école où, en fait d'histoire, je n'avais pas appris grand'chose. J'aimais la lecture quand j'étais
jeune, mais, après avoir lu quelques romans durant les veillées d'hiver, je me suis trouvé Gros-
Jean comme devant. Aujourd'hui, avec six enfants
sur les bras, adieu livres et romans ! Mon petit
journal est mon seul bréviaire. Il faut même croire
que la lecture ne m'en profite guère, car je reviens
toujours aux idées de mon grand'père.

Lui, avait déjà vu les prussiens chez nous en
1815, et il a été si peiné de les revoir en 1870,
que le chagrin a avancé ses jours. Sa mémoire
était fidèle et son jugement droit. Il se rappelait
la grande Révolution, bien qu'il fût encore enfant

à l'époque où elle avait éclaté, et il aimait à nous parler du passé.

« Mes enfants, nous disait-il, au lendemain du « Quatre-Septembre », j'ai vécu sous la première République qui a duré une dizaine d'années, à travers des agitations continuelles.

J'ai servi sous le grand empereur, un fameux général, je vous le promets. Tout le monde avait confiance en lui, car il avait maintes fois battu les ennemis de la France. Mais il aimait trop la guerre, à ce qu'il paraît. Le jour où le sort des armes a tourné contre lui, il est tombé de bien haut, laissant la France affaiblie, divisée, épuisée d'hommes et d'argent.

Rentrés pour prendre sa place sur le trône, les Bourbons n'ont pu tenir plus de quinze ans, puis ils sont partis de nouveau à l'étranger.

Louis-Philippe, un homme bien paisible celui-là, a régné dix-huit ans à peine. Quant à la seconde République, elle n'a pas eu longue vie. En la proclamant à Marcilly, notre maire d'alors avait fait planter l'arbre de la Liberté sur la place du « Jeu de Paume » ; mais, deux ou trois ans après, son successeur l'a fait arracher par ordre du sous-préfet d'Arcis-sur-Tille.

En France, voyez-vous, mes pauvres enfants, le temps a tout changé : si vigilants soient-ils, les gouvernements ne durent plus guère, ils s'écroulent les uns sur les autres comme les peupliers déracinés par la tempête.

Je suis même surpris que le second Empire ait pu résister dix-huit ans aux efforts acharnés de tous ses adversaires. On aime trop les bouleversements aujourd'hui. Mais, si les révolutions profitent à quelques-uns, ce ne peut être qu'aux grands, car les petits, je l'ai bien vu, en pâtissent toujours ».

Le pauvre vieillard, en parlant ainsi, avait l'âme pleine de tristesse, et des larmes tombaient sur ses joues desséchées. Peu de semaines après, il s'en alla où la mort l'appelait. Ses paroles sont toujours présentes à mon esprit. Je crains que, dans l'avenir, nos affaires n'aillent pas mieux que dans le passé, et que nos divisions ne finissent par perdre la France. Mon vote n'y saurait rien faire.

— Oui, Brissonnet, nos pères ont eu bien des malheurs ; les plaintes de votre aïeul n'étaient que trop fondées.

Depuis la Révolution de 1789, c'est la paix intérieure qui nous a le plus fait défaut. Toutes nos lois politiques ont ressemblé à la toile de Pénélope ; car chaque parti, après un triomphe éphémère, avait à cœur de détruire l'œuvre de ses devanciers, c'est-à-dire de briser des armes dont on venait de faire usage contre lui ; puis,

pour repousser les assauts d'adversaires irré-
conciliables, il en forgeait de nouvelles qui
devaient bientôt être mutilées à leur tour. Lois
constitutionnelles ; lois électorales ; lois sur la
presse, sur les réunions et sur les associations,
lois administratives même, tout a été modifié,
bouleversé de fond en comble à chaque changement de régime. Absorbés par des préoccupations
de cette nature, nos hommes d'État ont perdu
de vue la vraie fin de la politique qui est de
rendre la vie commode et les peuples heureux ;
ils ont négligé les questions les plus importantes
de l'ordre moral, économique et social.

Pendant ce temps, qu'ont fait les autres
peuples de l'Europe, nos voisins, nos rivaux ?

N'éprouvant que des secousses moins fréquentes et moins violentes que les nôtres, ils ont
pu consacrer à l'amélioration de leurs institutions un temps précieux que nous gaspillions
follement en luttes stériles.

Nous avions autrefois pris une grande avance
sur eux, tandis qu'à l'heure actuelle, ils nous
ont devancés en beaucoup de points. Pendant
que nos divisions nous affaiblissaient, eux,
grâce à leur union, augmentaient leurs forces.
Les défaites que nous avons subies dans la
guerre franco-allemande, prouvent bien que
nous n'avons pas su conserver, même dans

l'art militaire, notre ancienne supériorité.

Si les crises que nous déplorons, devaient se perpétuer, notre malheureuse patrie, déchirée par les mains de ses propres enfants, deviendrait la proie de ses ennemis, suivant la parole de l'Écriture : « Toute nation divisée contre elle-même, périra ».

Mais, hâtons-nous, Brissonnet, de dissiper des craintes qui, j'en ai le ferme espoir, ne se réaliseront pas. Dieu qui protège la France, ne voudra pas qu'elle périsse.

Si nous remontions le cours de l'histoire de notre pays, nous verrions que, durant quatorze siècles, par la protection divine, il a résisté à de plus grands périls.

En 1420, quand la reine Isabeau de Bavière, veuve de Charles VI, attira les Anglais à Paris, appuyant je ne sais quels droits que leur roi réclamait contre le royaume, le souverain légitime, Charles VII, déshérité, trahi par sa mère, fuyait devant l'envahisseur. On l'appelait alors, par dérision, le roi de Bourges, parceque, seul, le Berry lui était resté fidèle. La France était à deux doigts de sa perte : « C'en est fait de ce beau royaume, disait-on de tous côtés, à moins qu'un ange du ciel n'en tombe exprès pour le sauver ».

Dans le village lorrain de Domrémy, Dieu

suscita Jeanne Darc, à laquelle il inspira le projet d'aller trouver le roi Charles VII, afin, disait-elle, « qu'il lui baillât des gens d'armes, avec lesquels elle ferait lever le siège d'Orléans, chasserait les Anglais de France, et le ferait sacrer à Reims ». Vous n'ignorez pas Brissonnet, qu'avec l'aide de Dieu et de l'armée royale, elle réussit dans ses grands desseins, et que les Anglais, pleins de rage, s'étant emparés à Compiègne de cette vierge héroïque, la brûlèrent comme sorcière à Rouen. Mais, à la vue de ses restes mortels, ils furent saisis d'effroi, s'écriant : « Nous sommes perdus, on vient de brûler une sainte ». La France était sauvée, et Jeanne, par sa vie et par sa mort, avait conquis l'immortalité.

A d'autres époques, notre pays a fait preuve d'une énergie extraordinaire ; jamais il n'est aussi près de se relever triomphant que lorsque ses ennemis le croient définitivement abattu.

Durant la période dont vous parliez tout à l'heure, de 1789 à 1870, il a subi les destins les plus divers.

Pendant plus de vingt années, sous la première République et le premier Empire, il a déployé un courage héroïque pour tenir tête à tous les peuples de l'Europe coalisés contre lui. Dans cent batailles, dans mille combats, les soldats français ont triomphé de leurs adversaires ; puis la France, en un seul jour, a été dépouillée de toutes ses conquêtes. Vit-on jamais tant d'infortune après tant de gloire ?

Plus récemment, en 1854, nous nous sommes unis à l'Angleterre pour faire la guerre à la Russie, dans l'intérêt de notre alliée d'alors, plutôt que dans le nôtre. En 1859, nous sommes allés, les armes à la main, au secours de l'Italie qui voulait conquérir son unité politique et territoriale.

Lorsqu'en 1870, le malheur s'est abattu sur la France, loin de nous prêter leur appui, les peuples que nous venions d'obliger, applaudissaient aux succès de nos ennemis. Aveuglés par l'ingratitude ou par la haine, les uns et les autres nous croyaient à jamais vaincus : eh bien ! tous doivent commencer à revenir de leurs illusions.

N'est-il pas extraordinaire qu'affaiblie par des guerres étrangères, par des guerres civiles, par de nombreuses révolutions, la France ait conservé son rang actuel en Europe ?

Un homme d'Etat anglais parlait récemment, devant le Congrès de la science sociale, de l'instabilité des idées et des formes politiques en France ; puis il ajoutait : « Si l'Angleterre devait essuyer d'aussi terribles malheurs, si

elle devait affronter de pareils orages, elle
ressemblerait à un vaisseau sans lest et destiné
à périr.

— Il ne faudrait pas cependant trop jouer
avec le feu, car nous pourrions nous brûler les
doigts.

— Oui, il n'est que temps d'en finir : depuis
un siècle, les Français ont vécu dans une agitation
fiévreuse, et leur esprit a été continuellement
troublé par des compétitions ardentes et des
haines implacables.

Sans doute, notre patrie a conservé sa prospérité apparente, mais en l'auscultant avec soin,
on pourrait diagnostiquer qu'elle a perdu quelque
peu de sa vigueur physique et de son énergie
morale ; elle ne saurait retrouver ces précieuses
qualités qu'au sein d'une longue paix intérieure
et extérieure.

— Ne dépend-il pas de nos hommes politiques
de la lui assurer ?

— Les hommes politiques, même les plus
sages, sont quelque peu aveuglés par l'ambition,
lorsqu'ils détiennent le pouvoir, et par la rancune lorsqu'ils l'ont perdu. Aussi n'est-ce pas
sur eux qu'il faut le plus compter.

— Qui donc alors pourra nous mettre dans le
bon chemin ?

Ne nous attendons qu'à nous mêmes, Brissonnet, et notre salut viendra de deux sources différentes : l'expérience du malheur et le bon sens du peuple.

Deux exemples empruntés, l'un à notre histoire, et l'autre à celle de l'Angleterre, nous montreront que les peuples éclairés savent en effet profiter de l'expérience du malheur.

Il y a trois siècles, quand les protestants voulurent réformer les abus de la religion catholique en France, ils rencontrèrent, à côté de grands dévouements, d'invincibles résistances.

Les habitants de Marcilly et de beaucoup d'autres villages de Bourgogne, suivant l'exemple de leurs seigneurs, s'étaient convertis à la religion nouvelle. La France fut bientôt divisée en deux partis religieux aussi intolérants l'un que l'autre, le parti catholique n'admettant pas qu'un protestant fût bon sujet du roi et, de même, le parti protestant niant qu'un catholique pût être bon français. Dans bien des rencontres, ils ont rougi de leur sang la terre où ils étaient nés ; pendant quarante années, leur luttes fratricides ont fait d'innombrables victimes. Le seigneur de Marcilly, l'un des lieutenants du glorieux amiral de Coligny, chef des protestants, fut assassiné avec lui et des milliers de réformés, à Paris, le 24 août 1572, pendant la fatale nuit de la Saint-Barthélemy.

Le roi de France, pressé de consentir au massacre de ses sujets protestants, avait fini par dire : « Qu'on les tue tous afin qu'il n'en reste pas un seul pour me reprocher la mort des autres ». Il en est cependant assez resté non seulement pour lui reprocher son crime, mais encore pour chercher à en tirer vengeance. La guerre religieuse continua avec fureur jusqu'à l'année 1598 où le roi Henri IV rétablit l'ordre au sein du royaume, en publiant un admirable instrument de pacification, l'Edit de Nantes, qui déterminait les lieux où les protestants pourraient désormais librement exercer leur culte.

A part quelques fanatiques, la Nation, prise dans son ensemble, n'apporta pas d'obstacles à l'exécution de l'Edit, tant les gens sensés avaient conçu d'horreur pour la guerre civile ! tant la lassitude était générale !

Nos guerres religieuses étaient terminées depuis longtemps, lorsqu'une Révolution éclata en Angleterre, vers 1640 ; dans les vingt années suivantes, elle essaya de fonder un gouvernement, mais les violences et l'entêtement des partis firent échouer ses efforts. Bientôt la réaction apparut avec un roi qui ne lui demanda que de satisfaire son égoïsme, puis avec un autre qui voulut en tirer le pouvoir absolu. En 1688, l'Angleterre confiant le pouvoir à Guillaume d'Orange, touche enfin au but qu'elle se proposait en 1640, et ferme la carrière des révolutions pour entrer dans celle de la liberté. Si ce prince étranger -- il était d'origine hollandaise -- fut accueilli par tout le monde, c'est parceque tout le monde, fatigué de troubles et d'excès, aspirait au repos : le temps avait eu raison des passions les plus furieusement déchaînées. La Révolution d'Angleterre s'est donc accomplie dans une période de cinquante années, mais il est probable qu'elle eût duré plus longtemps si la situation insulaire de ce pays ne l'eût protégé contre les complications extérieures et l'intervention funeste des gouvernements étrangers.

Si la France voulant à son tour, en 1789, modifier son organisation intérieure, avait été, elle aussi, protégée par l'Océan contre les invasions de ses voisins, qui peut affirmer que les évènements se fussent précipités, dès l'origine, avec autant de violence, et que notre patrie n'eût pas, en moins de temps que l'Angleterre, terminé son évolution politique et repris le cours paisible de ses destinées ?

Quoiqu'il en soit, tenons pour incontestable que le dégoût des dissensions intérieures et des troubles sanglants, l'invincible besoin du repos,

ont été les auxiliaires les plus puissants d'Henri IV
pour rétablir en France la paix religieuse, et du
prince Guillaume d'Orange pour clôre en Angleterre l'ère des révolutions ; ils seront, n'en doutez
pas, des auxiliaires non moins précieux pour les
bons citoyens qui appellent de tous leurs vœux
la fondation dans notre pays d'un gouvernement
définitif. Le peuple français est aujourd'hui
fatigué des bouleversements ; il réclame haute-
ment, il veut à tout prix, la stabilité politique
qui, seule, peut garantir le progrès social. Tous
les hommes de bon sens comprennent que les
agitations au milieu desquelles nous vivons
depuis la fin du dix-huitième siècle, découragent
la jeunesse, troublent la famille et affaiblissent
la Société. Éclairés par l'expérience, ils se méfient
de ces mauvais échansons qui voudraient leur
verser la liberté toute pure, jusqu'à les enivrer,
de ces turbulents qui ne trouvent leur bien-être
que dans un continuel mouvement.

Quant aux gens de bien qui hésitent à faire
à l'intérêt général le sacrifice de leurs convictions
sincères, mais opposées à la constitution républicaine, ils devraient méditer ces paroles de
Franklin : « Ayant vécu longtemps, je me suis
trouvé plus d'une fois obligé par de nouveaux
renseignements et par de mûres réflexions, à
changer d'opinion sur des sujets importants ;

c'est pour cela que, plus je deviens vieux, plus je suis disposé à douter de mon jugement ».

Pour moi, Brissonnet, j'ai confiance dans l'avenir. On entend dire souvent qu'il règne parmi nous une crainte générale de donner trop de pouvoir à ceux qui sont chargés de nous gouverner, que nous ne savons plus obéir, et qu'en un mot, nous sommes devenus *ingouvernables*. Erreur que tout cela ! La vérité est qu'il n'y a pas de peuple plus facile à gouverner que le peuple français, et qui obéisse plus facilement aux lois les plus exigeantes, c'est-à-dire aux lois fiscales et aux lois militaires.

— Que le ciel vous entende, monsieur, et nous épargne dans l'avenir les malheurs que nous avons éprouvés dans le passé !

— Il en est, mon cher Brissonnet, de la vie des peuples comme de celle des individus : les années se suivent et ne se ressemblent pas. C'est en approchant du port qu'un vaisseau côtoie souvent les plus redoutables écueils.

— C'est pour moi chose nouvelle que d'entendre raisonner ainsi sur la politique. A Marcilly, on n'en parle pas sur ce ton là. Ils sont cinq ou six qui se croient des phénix depuis qu'ils sont entrés au conseil municipal, et qui veulent avoir raison envers et contre tous. Ils prennent pour des paroles d'Evangile tout ce qu'ils lisent dans

certains journaux, et ils mettraient volontiers
hors la loi quiconque ne pense pas comme eux.
On a beau leur dire que, dans tout écrit politique,
il y a à prendre et à laisser, ils ne veulent pas
démordre d'un pouce de leurs idées.

— Leur aveuglement est manifeste. Les
journalistes sont comme les avocats qu'on
entend parfois plaider le pour et le contre. Le
citoyen qui jure en toutes choses, d'après son
journal préféré, est aussi peu raisonnable que le
juge qui ne prête l'oreille qu'à l'une des parties
en cause ; l'un et l'autre se trouvent, en fin de
compte, bien embarrassés pour démêler le vrai
et le faux.

Il y a malheureusement en France bien des
Marcilly où l'on rencontre des gens esclaves
de leurs préjugés, qui ferment obstinément les
yeux à la lumière. Méfions-nous de ceux que
nous voyons trop confiants en eux-mêmes, et
gardons en tout une juste mesure. Peu à peu,
je l'espère, nos mœurs politiques s'amélioreront
et, dans quinze ou vingt ans d'ici, lorsque nous
aurons une plus grande expérience de la liberté,
nous jugerons hommes et choses froidement,
sainement, sans parti pris.

— C'est bien à souhaiter, monsieur. On a
envie de hausser les épaules quand on entend
nos fortes têtes de Marcilly condamner sans appel

les ministres et les députés qui ne sont pas de leur bord ; à tout propos, ils les traitent de « vendus », de traîtres et d'autres vilains mots. Si l'on s'avisait de leur tenir tête, ils vous feraient les mêmes compliments. Mieux vaut sans doute mettre sa langue dans sa poche que de se brouiller avec eux.

— Je connais les personnes auxquelles vous faites allusion, et je crois qu'au fond elles ne sont pas plus méchantes que d'autres, mais l'esprit de tolérance est la vertu politique qui leur manque le plus. L'Évangile nous recommande de nous aimer et aussi de nous tolérer les uns les autres ; si le premier précepte nous paraît au-dessus de nos forces, pratiquons au moins le second qui est à la portée de tout le monde.

Nous méprisons nos adversaires politiques parceque nous doutons de leur patriotisme et de leur bonne foi. Mais sur quoi reposent nos soupçons ? Sur rien, la plupart du temps. « La mauvaise foi ne se présume pas », voilà un axiôme de droit qu'il serait bon d'appliquer en politique. Aucun parti, n'est-il pas vrai ? n'a le monopole du dévouement au bien public, et de l'amour de la liberté. Pénétrons-nous de ces vérités, et dès lors nous saurons bannir de toute discussion les vilains mots que vous me citiez tout à l'heure. Nous ferons ainsi un grand pas dans la voie du progrès véritable ; nous franchirons d'un bond les barrières que l'esprit de parti a élevées entre citoyens d'un même pays, et chacun de nous, en respectant ses adversaires, acquerra lui-même le droit au respect.

— Je voudrais bien faire comprendre à nos nouveaux conseillers qui ont la tête si près du bonnet, que la tolérance est l'*a b c* de la politique, mais la tâche sera malaisée.

Si je ne craignais d'abuser de votre temps, je vous demanderais un dernier conseil. Dans quinze jours, puisqu'il le faut, j'irai voter ; mais je ne sais quel est le meilleur de nos deux candidats. L'un et l'autre sont venus me voir et m'ont fait force compliments assaisonnés de grandes poignées de main. Je n'ai pas été la dupe de leurs belles paroles, car je sais ce qu'en vaut l'aune : ils en distribuent à tout venant. En lisant leurs affiches, j'ai toutefois constaté avec plaisir qu'ils ne se jetaient pas de boue à la figure.

L'un d'eux, M. Vigneron, m'a rendu un petit service l'année dernière. Pendant que je faisais mes « treize jours », il m'a obtenu une permission de vingt-quatre heures pour me rendre le jour de Saint-Georges à la foire d'Arcis-sur-Tille. Je lui en sais gré, mais je n'ai pris aucun engagement envers lui, et je reste libre de voter pour M. Faye, son concurrent.

Vous agirez, Brissonnet, selon votre conscience. Ne résidant pas habituellement dans votre arrondissement, je n'en connais pas assez les besoins pour vous donner un conseil à ce sujet. D'ailleurs, vos deux candidats, d'après ce que j'ai ouï dire, acceptent la Constitution républicaine votée récemment par l'Assemblée Nationale ; à ce point de vue, la question que vous avez à résoudre importe donc peu à l'intérêt général.

Mais n'oubliez pas de vous renseigner sur la valeur morale du candidat auquel vous voudrez donner votre suffrage. La véritable grandeur d'un pays dépend moins encore du progrès des sciences et de l'industrie, que de la pureté des mœurs qui constitue le lien de la famille, et la sauvegarde du foyer domestique où chacun de nous s'arme de la volonté nécessaire pour affronter les combats de la vie.

Celui qui brigue les fonctions électives doit être, comme la femme de César, à l'abri de tout soupçon. S'il n'est pas d'une moralité exemplaire, il n'aura pas à cœur d'assurer le triomphe de la justice par les lois qu'il sera appelé à discuter et à voter. Écartez donc toute personne dont l'existence irrégulière ou livrée aux plaisirs, outrage constamment l'honnêteté publique, et réservez vos préférences au citoyen laborieux qui donne l'exemple des vertus privées.

Il est bon de connaître aussi la situation de fortune des candidats. Je ne veux pas dire par là qu'on doive préférer un millionnaire à l'homme qui, dans une position modeste, fait honneur à tous ses engagements ; loin de moi une semblable pensée ! Mais il faut se méfier des gens qui, ne sachant pas faire leurs affaires, sollicitent le périlleux honneur de faire celles des autres. Il y a tout lieu de craindre que leur capacité ne soit pas à la hauteur de leur ambition.

A côté de ce danger, j'en vois un autre. Ventre affamé n'a point d'oreilles, même pour la voix de la conscience. Souvent la gêne et le besoin anéantissent le courage et la vertu et, comme le disait Franklin, il est difficile à un sac vide de se tenir debout.

Un homme nouveau est-il investi d'un mandat public, aussitôt les faiseurs d'affaires, en quête de protecteurs pour leurs entreprises véreuses, cherchent à savoir ce qu'il est, ce qu'il vaut. S'ils apprennent qu'il est besoigneux, ils jettent sur lui leur dévolu et, pour peu qu'il ait un caractère faible, ils parviennent, par l'appât de l'or, à en faire leur victime.

— Sur ce chapitre-là, monsieur, je ne transige pas ; je n'inscrirai jamais sur mon bulletin de

vôte le nom d'un « viveur » ou d'un « panier percé ».
Mais nos deux candidats sont, de l'aveu de tous,
de bons pères de famille, bien rangés.

— Vous connaissez leur profession de foi,
d'après ce que vous venez de me dire.

— A peu près, monsieur. L'un, dans son
affiche longue comme d'ici à demain, nous
promet monts et merveilles et, comme dit l'autre,
plus de beurre que de pain. Il nous fait espérer
cinquante améliorations dans la justice, les
finances, l'armée, l'administration, etc.... C'est
précisément celui dont je vous parlais tout à
l'heure, M. Vigneron, notre conseiller général.
Il est bien tapageur avec tous ses grands mots,
mais si je savais qu'il eût voulu nous jeter de
la poudre aux yeux, certes il ne serait pas mon
homme.

— Et que dit M. Faye ? Il fera, dit-il, tous
ses efforts pour faire aboutir cinq ou six projets
de loi, les plus urgents à ses yeux, ajoutant
qu'avec la besogne courante, budgets, questions
d'intérêt local, interpellations, la Chambre ne
pourra faire davantage, en l'espace de quatre
années.

— Mon brave Brissonnet, promettre et tenir
font deux; et tel qui promet beaucoup pour
obtenir sa nomination, se désintéresse facilement
de toutes ses promesses, dès qu'il est nommé.

Je ne veux pas dire qu'il oublie tout à fait le contenu de sa profession de foi, mais, un beau jour il jette sur le papier, à la hâte, quelques propositions plus ou moins mal conçues qui s'en vont bientôt « dormir dans les cartons de la Chambre », et le tour est joué.

Et puis, est-il raisonnable, est-il digne d'un candidat sérieux, de faire entrevoir à ses électeurs la réalisation en quatre années, d'une foule de réformes dont la dixième partie suffirait à remplir une législature ? Vous l'avez compris, les choses ne doivent pas se passer ainsi, et il sied mal à un homme prudent d'agiter bruyamment des questions dont la solution est actuellement impossible. C'est folie que de vouloir changer précipitamment, comme par un coup de baguette magique, toutes les institutions, toutes les lois, tous les organes du corps social. Les conceptions de l'esprit ont besoin d'être mûries avant d'être mises en pratique. Il faut du temps, même à la chrysalide, pour devenir papillon.

Cependant je ne veux pas influencer votre vote, ne connaissant ni M. Faye ni M. Vigneron.

Vous m'avez donné un aperçu de leurs déclarations, mais les appréciations générales qu'elles m'ont suggérées, ne prouvent pas qu'en résumé, j'approuve l'une et condamne l'autre. Je vous ai donné une manière de voir en politique ; vous en ferez votre profit si vous pensez qu'elle soit juste.

— Je serais bien malavisé, monsieur, si je n'en profitais pas, car vous m'avez appris bien des choses utiles dans une demi-heure d'entretien.

— Gardez-vous donc de l'indifférence politique qui est un crime de lèse-patrie, et du scepticisme qui dessèche le cœur. Pratiquez la tolérance, car les hommes intolérants sont bien près de ressembler aux pires ennemis du bien public ; et préférez toujours aux charlatans qui chercheront à vous éblouir, des hommes fermes dans leurs convictions, mais modérés dans leurs actes et dans leurs paroles. Vous mériterez ainsi le titre de bon citoyen, et vous travaillerez dans votre sphère, à l'affermissement d'un gouvernement républicain durable, définitif, ayant pour assises la justice et la liberté, et pour objectif la grandeur de la patrie.

III

Dissentiments entre Brissonnet et sa femme ; quelle en est l'origine. Conseils au mari pour rétablir la paix du ménage.

———————

Ayant réglé rapidement la question d'intérêt qui m'avait appelé à Marcilly, j'allai reprendre mes occupations habituelles. Trois mois s'étaient écoulés depuis mon retour à la ville. Les rayons du soleil doraient la montagne voisine, la « Côte-d'Or », qui a donné son nom à notre beau département. Plaines et collines s'animaient déjà sous les caresses fécondes du printemps. Au cours de nos promenades, notre pensée et celle de nos enfants se reportaient souvent vers Marcilly. Nous formions les plus beaux projets pour les vacances, et les petits, avec la complicité des grands, comptaient parfois les semaines et même les jours qui nous en séparaient.

Un matin, à l'heure du déjeûner, le grand Brissonnet vint nous surprendre. Dès l'abord, nous fûmes frappés de son air triste qui contrastait avec sa gaieté habituelle et je compris, dès ses premiers mots, qu'il avait quelque chose de grave à me dire. Nous le fîmes asseoir à notre table où, dominant ses préoccupations, il fit assez bonne contenance. Je l'emmenai ensuite dans mon cabinet.

— Il m'arrive, dit-il, un grand malheur. Ma femme m'a quitté hier soir, pour retourner chez ses parents.

— Est-ce possible, mon pauvre homme ? J'en suis péniblement surpris, car jusqu'ici je croyais votre union très heureuse.

— Nous venions d'avoir une petite discussion. Pour en finir, j'ai prié ma femme de se taire ; loin de se soumettre, elle a crié plus fort ; elle a même osé me manquer de respect. Alors la colère m'a pris à mon tour, et je me suis laissé aller à lui donner quelques soufflets. Je l'ai regretté aussitôt, mais le mal était fait.

J'allais lui présenter des excuses ; elle n'a voulu rien entendre et, malgré les cris de nos pauvres petits qui avaient été témoins de toute la scène, elle a fait à la hâte un paquet de quelques effets, puis elle est partie.

Aujourd'hui, j'ai laissé les enfants et la forge

à la garde de mes parents, et me voici. Venez-
moi en aide, je vous en supplie, car je suis bien
malheureux.

Pendant qu'il parlait ainsi, quelques larmes
décelaient sa profonde émotion.

— Vous êtes très blâmable, repris-je, d'avoir
levé la main sur votre femme. Il n'est pas
permis — le cœur aurait dû vous le dire —
de frapper même avec une fleur une femme qui
serait chargée de fautes, et je suis convaincu
que la vôtre n'a pas de torts graves à se
reprocher envers vous.

— Vous avez toujours été si bon pour moi,
monsieur, que je mets toute ma confiance en
vous. Je veux vous dire d'où viennent toutes
mes peines, sans vous rien cacher.

— Nous nous sommes mariés en 1866, à la
Saint-Jean, dès que j'eus pris à mon compte la
forge de mon père.

Dans les premières années de notre union,
ma femme fut pour moi une tendre et fidèle
compagne ; elle eut grand soin de son ménage
ainsi que de ses enfants, et m'aida beaucoup à
tenir mes écritures ; nous n'eûmes l'un et l'autre
qu'un même but : le travail et l'économie.

Ayant été élevée à quelque distance de Marcilly, elle n'y connaissait personne ; mais, peu
à peu, elle prit l'habitude de voisiner, de courir

les nouvelles.

Maintenant elle ne sait plus ménager ni son temps ni ses paroles, et l'ouvrage traîne, à la maison ; le dîner et le souper sont rarement prêts à l'heure dite. Je suis contrarié d'avoir un intérieur mal tenu, et surtout humilié de voir nos aînés partir à l'école, avec une mise négligée.

Sachant bien que la douceur fait plus que la violence, j'ai commencé par lui faire des observations amicales, mais elle trouvait toujours de bonnes raisons pour s'excuser, rejetant les torts tantôt sur une voisine qui était venue se décharger auprès d'elle d'un secret important, tantôt sur quelque autre commère qui l'avait appelée pour lui rendre un service.

Je ne pouvais me payer indéfiniment de cette monnaie-là. Si je lui disais : « Charité bien ordonnée commence par soi-même. Quand l'ouvrage te commande, au diable les voisines ! il faut aller de l'avant et donner du collier. Une femme bien avisée ne doit pas être un moulin à paroles ; ce n'est pas la quantité de mots qui remplit le boisseau. Moi je garde ma boutique, et ma boutique me garde ; fais de même pour ta maison » ; elle de me répondre : « tâche d'être aussi bon forgeron que je suis bonne ménagère. Ma mère m'a montré à bien tenir mon ménage et si la tienne venait moins souvent ici regarder s'il reste un grain de poussière sur la maie ou sur la commode, tu me ferais moins d'observations et l'accord règnerait entre nous ».

Comme il me déplaisait qu'elle mit ma mère sur le tapis, je l'invitais à en finir. Mais comme il n'y a pire sourd que celui qui ne veut pas entendre, plus je voulais lui imposer silence, plus elle faisait de tapage ; par son entêtement, elle eût lassé la patience d'un saint.

Bien que je n'aie pas le caractère violent, elle m'a amené plus d'une fois à lui lancer des paroles mal sonnantes ; elle, peu endurante, me rendait la pareille : c'était toujours le bouquet de la fête. Ne pouvant avoir le dernier mot, je retournais en grommelant à mon enclume ; il fallait qu'un beau jour, j'en arrive à la corriger.

— C'est ainsi que, croyant sortir d'un mauvais pas, vous vous y êtes enfoncé davantage en brutalisant votre femme. Au moins ne vous félicitez pas de ce que vous avez fait.

— Non, monsieur, bien loin de là. Je vous explique seulement de quelle manière l'accident est arrivé. Je vous l'ai dit ; j'ai regretté... mais il était trop tard.

— Je plains sincèrement, Brissonnet, les gens qui, fuyant les liens matrimoniaux, s'imaginent qu'ils jouiront d'une existence plus douce, dans le commerce de leurs amis ; quoi qu'ils fassent, ils restent isolés et malheureux. L'ami véritable, celui qui, pour nous éviter la peine de lui découvrir nos besoins, va les chercher au fond de notre cœur, qui prévient tous nos souhaits, nous le trouvons dans le mariage lorsque nous en avons le sincère désir.

Mais, s'il est des gens plus à plaindre que les célibataires, ce sont les époux désunis. Je ne connais pas de spectacle plus affligeant que celui d'un mauvais ménage ; mari et femme ressemblent alors à deux forçats attachés l'un à l'autre par une chaîne insupportable, et tôt ou tard ils sont réduits à implorer le secours des tribunaux pour la briser. .

Si vous n'aviez pas la sagesse de faire table rase du passé, vous aboutiriez rapidement à un procès en séparation de corps, long et ruineux.

Après le jugement, viendrait la liquidation de la communauté, comme si la mort avait fauché l'un d'entre vous. La maison et l'atelier que vous avez acquis à la sueur de votre front, par dix années de labeur, seraient vendus aux enchères ; la moitié de vos économies serait ainsi gaspillée en frais de toutes sortes. Avec l'aide des vôtres, je l'admets, vous rachèteriez votre immeuble pour y exercer votre profession. Mais ne seriez-vous pas amené à vous lier avec des gens d'un commerce dangereux ? Prendriez-

vous une domestique pour tenir votre maison ?
Ses gages vous enlèveraient le meilleur de votre
gain. Demanderiez-vous à vos père et mère de
venir habiter sous votre toit ? Vous n'êtes pas
fils unique ; vos frères et sœurs pourraient voir
d'un mauvais œil, vos parents communs se
sacrifier au profit d'un seul. Enfin votre vieille
mère serait peut-être incapable de vaquer sans
fatigue, aux travaux de votre intérieur.

Votre femme, de son côté, retirée chez ses
parents, y vivrait dans la résignation ; mais, à
leur mort, elle serait réduite à un pénible
isolement.

Quant aux enfants, vous vous les disputeriez
avec acharnement devant le tribunal qui confierait,
je le suppose, les trois aînés au père et les trois
plus jeunes à la mère.

Ainsi ces petits êtres que le ciel a créés pour
apprendre à s'aimer en partageant mêmes jeux
et même table, mêmes joies et mêmes tristesses ;
pour puiser dans la vie de famille, l'amour et le
respect de leurs parents, deviendraient du jour
au lendemain étrangers les uns aux autres. Pour
eux, le foyer domestique serait presque désert ;
au lieu d'assister à ces doux épanchements du
cœur qui font le charme de l'existence. ils
n'entendraient autour d'eux que des paroles de
colère et de haine. Les tristesses de leur présent

me feraient mal augurer de leur avenir.

Mais, que dis-je ? Brissonnet, vous n'en viendrez jamais à cette situation dont vous comprenez toute l'horreur.

— Plutôt que de vivre séparé de ma femme et de mes enfants, j'aimerais mieux mourir.

— C'est parler en homme de cœur. Votre femme rentrera au domicile conjugal sans se faire trop prier. Peut-être même, à l'heure actuelle, regrette-t-elle d'avoir, par son départ précipité, causé un vif chagrin à ses parents et à son mari.

— J'ai toujours vécu en bonne amitié avec son père et sa mère, et je ne pense pas qu'ils l'excitent à me renoncer.

— La paix sera facile à conclure, j'en ai la ferme conviction. Mais il importe qu'à l'avenir, pareille scène ne se renouvelle pas et, pour cela, il vous faut faire provision de patience.

Suivant la loi du mariage, la femme doit obéissance au mari ; en retour, elle a droit à sa protection. Votre femme manque doublement à ses devoirs si, rebelle à vos volontés, elle gaspille un temps précieux en interminables bavardages. Mais ses torts n'excusent pas les vôtres.

Le rôle de protecteur qui vous incombe ne vous autorise pas, ce me semble, à exercer des violences sur sa personne. Le mari qui frappe légèrement aujourd'hui, peut-il répondre qu'il n'aura pas la main plus lourde demain ? Dans cette voie périlleuse, il n'y a que le premier pas qui coûte.

— Un bon averti en vaut deux. Je vous promets, quoi qu'il arrive, de ne plus lever le petit doigt sur ma femme.

— Je suis heureux que vous en preniez l'engagement. Mais, comme l'enfer est pavé de bonnes résolutions, je veux vous donner le moyen de rester fidèle aux vôtres.

— Quel est-il ? monsieur ; j'ai hâte de le connaître.

— C'est de ne jamais mêler les injures ni les gros mots à ces petites discussions qui sont inévitables dans un ménage. Les injures ne sont pas des raisons ; elles ne peuvent convaincre personne, n'est-ce pas ? Dès lors, à quoi peuvent-elles servir si ce n'est à échauffer les esprits et à rendre toute entente impossible ? Une fois la guerre allumée, comment peut-elle finir sans que les mains se mettent de la partie ? Je connais, pour ma part, des époux qui se traitent en ennemis, et dont la mésintelligence n'a pas d'autre origine. L'un et l'autre possèdent les qualités sérieuses qui font les bons ménages ; mais, à entendre les invectives qu'ils se lancent au visage, on les prendrait plutôt pour des chiens hargneux que pour des gens unis par les liens sacrés du mariage. Il ne faut qu'une légère voie d'eau pour submerger un navire ; aussi je redoute fort que leur ménage n'aille de mal en pis.

— Vous me demandez beaucoup, monsieur. Nous autres ouvriers, nous ne sommes pas habitués à peser ainsi toutes nos paroles.

— Si vous ne voulez pas écouter la raison, vous ne tarderez pas à vous en repentir, et si vous ne voulez pas suivre les conseils, à quoi bon en demander ?

— Puisqu'il le faut, j'essaierai.

— Les débuts exigeront de vous une certaine force de volonté, mais qu'importe ? Soyez persévérant et vous triompherez facilement de vous-même. Pour réprimer tout mouvement regrettable, suivant le conseil du bon Lafontaine :

> Laissez entre la colère
> Et l'orage qui la suit,
> L'intervalle d'une nuit.

Désarmée par votre inébranlable fermeté, votre femme en arrivera bientôt à suivre votre exemple. Si vos dissentiments ne disparaissent pas du même coup, du moins n'amèneront-ils plus, comme par le passé, des discussions envenimées.

Ce premier résultat obtenu, pour guérir votre femme de ses défauts, évitez autant que possible de froisser son amour-propre. Lorsqu'il lui arrivera de négliger son travail pour se livrer à sa passion favorite, gardez-vous de lui adresser des reproches devant ses voisines. Tournez vous-même votre langue avant de parler, et donnez-vous le temps de la réflexion avant d'agir. Aucun mot, aucun geste ne doit trahir votre mécontentement devant des témoins aussi curieux qu'indiscrets. Un mari a tout intérêt à cacher les défauts de sa femme, car il se déshonore en la déshonorant.

Que vos enfants restent aussi dans l'ignorance de vos sujets de mécontentement ; le spectacle de discussions pénibles entre leurs parents, les affligerait et diminuerait leur respect filial. C'est donc seulement dans les tête-à-tête qu'il vous est permis de faire sentir à votre femme les effets regrettables de ses mauvaises habitudes ; encore devez-vous choisir les moments où elle ne vous parait ni soucieuse, ni courroucée.

Ne montrez jamais de mauvaise humeur, car la mauvaise humeur, c'est, comme on l'a dit, la malpropreté de l'âme. Si vous voulez que vos observations soient prises en bonne part, il vous convient de les présenter avec douceur et enjouement ; c'est seulement à cette condition qu'elles porteront leurs fruits. Quand on veut fermer violemment la porte au nez d'un défaut, il rentre par la fenêtre.

Encore les procédés que je vous recommande perdraient-ils toute leur efficacité si vous en faisiez un trop fréquent usage. Votre femme ne manquerait pas de se dire : « Mon mari m'assomme avec sa morale continuelle ». Le plus sage sera donc de ne pas prêter attention aux bagatelles, aux choses sans importance.

Il n'est pas seulement habile, il est encore juste de se montrer indulgent. Chacun de nous a ses habitudes, ses goûts, son caractère et, bien qu'il s'aveugle à leur endroit, chacun a ses travers ; si nous voulons nous faire pardonner les nôtres, il faut parfois fermer les yeux sur ceux d'autrui. Le conseil est bon pour tous, mais surtout pour un mari, la paix ne pouvant régner entre lui et sa femme qu'au prix d'égards et de concessions mutuelles. Dans la vie, nous détestons habituellement les gens vicieux, à l'égal des vices dont ils sont atteints ; cependant, si nous étions justes envers eux, nous devrions les plaindre plutôt que les haïr. Les personnes atteintes de plaies du corps, nous inspirent de la compassion ; or le vice n'est qu'une plaie de l'âme, plaie bien cruelle puisqu'elle traîne inévitablement le malheur à sa suite. Si nous sommes tenus de juger ainsi les étrangers avec ménagement, ne devons-nous pas apporter également dans le mariage des dispositions d'esprit bienveillantes ? Le devoir d'un mari qui connaît les défauts de sa femme, est donc de l'en guérir par la douceur et la persuasion.

— C'est là le remède que je vais employer. Dieu veuille qu'il ne soit pas trop lent à amener la guérison !

— Il y a beaucoup de bon dans votre femme, elle possède des qualités sérieuses. Saisissez donc le panier par l'anse qui est la plus facile à tenir. « Ceux qui manient les chevaux, dit à ce sujet un philosophe, emploient des paroles, des sifflements, des caresses, cent autres moyens propres à calmer leur fougue. A plus forte raison, un mari doit-il user de semblables ménagements envers sa femme dont il lui faut, bon gré mal gré, partager le toit pendant toute sa vie ». Vous ne pouvez reculer devant les difficultés que présente l'amendement de la mère de vos enfants, de la compagne de votre existence.

Hâtez-vous de vous rendre auprès d'elle ; n'hésitez pas à lui manifester le regret de l'acte violent auquel la colère vous a entraîné, et vous obtiendrez votre pardon, peut-être même avant d'avoir achevé l'aveu de votre faute. Dès que vous aurez repris la vie commune, montrez-vous doux sans faiblesse, ferme sans rudesse, patient surtout, et le succès couronnera vos efforts plus tôt que vous ne le croyez.

A ces mots, le grand Brissonnet se leva vivement et comme allégé d'un poids qui oppressait sa conscience, il se confondit en excuses et en remerciements, puis il s'éloigna d'un pas rapide.

Je le revis à Marcilly, au cours de l'automne suivant : « Je vous ai, me dit-il, beaucoup d'obligations. J'ai suivi vos conseils du mieux que j'ai pu, et notre ménage est déjà en progrès. J'espère que, d'ici peu, nous serons devenus, moi aussi prévenant et elle aussi discrète et dévouée que dans les premiers temps de notre mariage ».

IV

Le nouveau curé de Marcilly et le conseil
municipal sont en désaccord. On excite
Brissonnet à cesser d'envoyer son fils
au catéchisme ; dangers de semblables
conseils. Nécessité d'un culte religieux.
Séparation de la religion et de la
politique.

Deux ans plus tard, à la fin d'août 1878,
comme je venais d'arriver à Marcilly, je reçus
une nouvelle visite du forgeron Brissonnet.

— J'ai recours à vous, me dit-il en m'abor-
dant, car me voici encore dans l'embarras. Mon
garçon, l'aîné de la famille, court après sa
douzième année ; vienne le printemps prochain,
et il sera en âge de faire sa première communion.

— Eh bien ! qu'il la fasse, Brissonnet.

— C'est le désir de ma femme et c'est aussi le
mien. Je pense comme feu mon grand-père,

que les filles ont besoin de pratiquer la religion
jusqu'à leur mariage, et même après, sans quoi
elles tourneraient mal. Pour ce qui est des
garçons, c'est le moins qu'ils aillent à la messe
et au catéchisme jusqu'au renouvellement de
leur première communion. J'ai été élevé dans
ces idées-là. Depuis l'âge de quatorze ans,
c'est-à-dire depuis le début de mon apprentissage,
je ne suis guère allé qu'aux messes des grandes
fêtes, des mariages ou des enterrements. Mon
garçon, me disais-je, fera comme moi. Mais,
plusieurs de mes camarades, ne voulant plus
envoyer leurs enfants au catéchisme, sont venus
m'engager à faire comme eux. D'abord, j'en ai
haussé les épaules, mais ils sont revenus tant
de fois à la charge que je ne sais plus comment
me tirer d'affaire.

— Pourquoi cette obsession de leur part ?

— Je croyais, monsieur, que vous étiez au
courant de ce qui se passe aujourd'hui dans le
village. Vous avez connu, comme moi, le bon
vieux curé qui a desservi notre paroisse pendant
trente années, de 1846 à 1876. Certes, ce
n'était pas un beau parleur ; il ne cherchait jamais à orner ses sermons de grands
mots, mais c'était un digne homme ; il n'y
avait qu'une voix dans la commune pour
faire son éloge. Il connaissait tous ses parois-

siens, du plus grand au plus petit, et prenait plaisir à s'entretenir avec eux.

Ici nous avons peu de pauvres, parce que nous avons peu de fainéants. Cependant si, au fort de l'hiver, quelques vieillards infirmes avaient besoin de secours, notre ancien curé n'attendait pas, pour leur venir en aide, qu'ils allassent tendre la main aux portes.

Lorsque sa bourse était épuisée, il savait trouver dans celle des autres les ressources nécessaires aux malheureux. C'était vraiment la providence de Marcilly. Aussi tous, tant que nous sommes, nous nous serions jetés au feu pour lui.

En 1876, au renouveau, sa santé est devenue mauvaise ; il maigrit à vue d'œil et, quelques semaines plus tard, Dieu le rappela à lui. S'il n'y a pas de place pour celui-là dans le paradis, il n'y en aura pour personne.

Le jour de son enterrement, chacun put voir combien il était aimé. Non seulement de Marcilly, mais des communes environnantes, on y était accouru en foule. L'église était trop petite pour contenir tout le monde, et les retardataires ont dû rester à la porte.

Si son successeur, disons-nous, a, comme lui, le cœur sur la main, nous n'aurons pas à nous plaindre.

— J'aime à croire que de son temps, les parents n'hésitaient pas à envoyer leurs enfants au catéchisme.

— Non, certainement. L'estime générale dont il jouissait, lui donnait de l'autorité ; lui, si calme, si doux d'ordinaire, vous l'auriez vu monter sur ses grands chevaux, si un père de famille se fût avisé de soustraire son fils à ses devoirs religieux. Du reste, il s'entendait à donner aux enfants de bons principes ; quand ils sortaient de ses mains, ils étaient façonnés, je vous le promets, de manière à suivre leur droit chemin.

— Avez-vous à vous plaindre de son successeur ?

— Personnellement, je n'ai pas eu le plus petit mot avec lui.

— Au cours d'une visite qu'il m'a faite l'année dernière, il m'a paru intelligent ; si j'ai bonne mémoire, il m'a déclaré qu'il avait été pendant deux ou trois ans, professeur de « quatrième » au petit séminaire d'Arcis-sur-Tille. Bref, il ne m'a pas fait une mauvaise impression.

— On le dit savant, mais il n'a pas la science de bien vivre avec ses paroissiens. Il ne met les pieds hors de chez lui que pour aller à son église ou bien au château, chez le comte de Marcilly.

Là, une fois par semaine, il dit la messe et le comte le retient jusqu'au soir. Même, il est bruit que ce dernier lui monte la tête contre ses paroissiens.

Comme propriétaire, notre châtelain a très bon cœur. Quoiqu'il ne soit pas cousu d'or, il se garde bien d'imiter certains bourgeois, âpres au gain, toujours préoccupés d'augmenter leurs fermages, et qui finiront par casser la corde à force de tirer dessus. Mais, lorsqu'au lendemain de la « guerre », il sollicita sa réélection au conseil général, on lui préféra son concurrent qui représentait mieux que lui les idées du jour ; à Marcilly même, il obtint à grand'peine la moitié des voix. Il en a conçu un grand dépit, car, depuis lors, il se tient à l'écart. C'est à peine si, le jour de « l'assemblée », il vient faire avec les siens un tour de promenade sur la place du « Jeu-de-Paume ». Il décrie le régime actuel, disant qu'en France aujourd'hui tout va de travers. Notre curé, placé sous sa coupe et ne fréquentant que lui, est devenu comme lui, paraît-il, un mécontent. Au presbytère, il reçoit poliment les gens qui vont le trouver ; mais dans la rue, il passe froidement, faisant mine de ne pas reconnaître ceux qu'il rencontre. Ses façons, si différentes de celles de son prédé- cesseur, ont déplu dès les premiers temps à la jeunesse et même aux anciens du village.

Jusque-là il n'y avait que demi-mal, mais ce qui a mis le feu aux poudres, c'est l'affaire de la tour de l'église.

— De quelle affaire voulez-vous parler ?

— Comment ! Ignorez-vous, monsieur, qu'à la Saint-Eloi, le conseil de fabrique et le conseil municipal sont tombés d'accord pour faire réparer la tour qui menaçait ruine ? Notre curé, lui, demandait qu'on la reconstruisît en entier, ce qui eût triplé la dépense et, bien qu'il fût seul de son avis, il n'en a pas voulu démordre. Grâce à l'appui du comte qui a encore la main longue, il serait allé en haut lieu, d'après ce que l'on raconte, remuant ciel et terre pour forcer la main de la commune. Le sous-préfet d'Arcis-sur-Tille s'est mis de la partie ; il a provoqué délibérations sur délibérations du conseil municipal qui a fini cependant par avoir le dernier mot.

Les réparations ont été faites au printemps dernier, et notre vieille tour se dresse maintenant toute fière d'avoir endossé son bel habit neuf ; mais, à raison de ces différends, les cartes sont brouillées entre notre curé et la municipalité.

Les plus ardents du conseil jettent de l'huile sur le feu ; ce sont eux qui me pressent de retirer mon fils du catéchisme.

— Quel but poursuivent-ils donc ?

— Ils prétendent amener ainsi le desservant de la paroisse à demander son changement.

— Je n'ai rien à dire du but que l'on poursuit, mais ce que je trouve blâmable, c'est le moyen qu'on emploie pour l'atteindre. Lorsqu'un prêtre ne sait pas vivre en paix avec ses ouailles, l'autorité diocésaine agit sagement en le déplaçant ; mais, de ce que vous avez du mécontentement contre un ministre de la religion, s'ensuit-il que vous deviez condamner la religion elle-même ? Dieu n'est pas responsable des fautes des hommes, de quelque caractère qu'ils soient du reste revêtus ; il en est le souverain juge, ce qui est bien différent. En remplissant leurs devoirs religieux, les habitants de Marcilly sont évidemment guidés par un mobile autre que l'intérêt de leur curé ; dès lors, comprendrait-on qu'ils s'en abstinssent désormais parce que ce dernier est en guerre avec le conseil municipal ?

Cette grève d'un nouveau genre vous conduirait insensiblement mais sûrement au matérialisme, c'est-à-dire à la négation ou à l'oubli de Dieu, de ce Dieu si nécessaire aux hommes qu'on a dit justement que s'il n'existait pas, il faudrait l'inventer.

Mais, de même que pour forger, Brissonnet, il faut un forgeron ; de même, pour créer l'univers, il a fallu un créateur ; ce créateur existe donc, puisque l'univers existe, puisque nous existons. A proprement parler, Dieu seul est créateur tandis que l'homme pour travailler, le forgeron, pour faire une charrue, a besoin de matières premières, du bois et du fer, qu'il ne saurait créer et qu'il tire de la nature.

Non seulement les yeux du corps nous montrent Dieu dans toutes ses œuvres, dans toutes les merveilles de cet univers qui nous environne ; mais les yeux de l'intelligence, si je puis parler ainsi, nous révèlent également son existence. « Il y a, comme l'observe Saint-Jean, une lumière naturelle qui éclaire tout homme venant en ce monde, la raison ; et cette lumière nous fait comprendre que, pour assurer le triomphe final du bien et de la justice, il doit exister un Dieu souverainement puissant, sage et bon, providence bienfaisante qui a créé nos âmes pour l'immortalité ». Le pressentiment d'un ordre de choses meilleur et plus grand domine l'homme ; il aspire à converser avec des êtres supérieurs à sa nature. N'effaçons donc pas Dieu de notre être, de ce sanctuaire vivant où les merveilles du corps humain, le miracle de la vie, chaque affection, chaque inspiration généreuse de l'âme, attestent incessamment sa présence et ses bienfaits. Ayons foi dans sa providence qui, par delà la tombe, récompense et punit chacun selon ses œuvres, rétablit l'équilibre entre la félicité et la vertu, et fait expier aux pervers le bonheur qu'ils usurpent sur cette terre par leurs iniquités.

Si, dans les jours heureux, entraînés par la fougue des passions, nous prononçons parfois des paroles impies ; quand le malheur nous accable, au contraire, nous revenons toujours à Dieu, et nous implorons le secours de son bras tout puissant.

Ceux qui doutent du témoignage de leurs sens et de leur propre conscience, douteront-ils aussi de celui des intelligences d'élite qui ont honoré la science et l'humanité ?

Les plus grands génies, les Platon, les Newton, ont été les hommes les plus religieux ; ils estiment que « le dernier but de la science est de nous faire connaître et aimer la perfection de Dieu ».

Nous entendons proclamer par Cicéron « que la religion est le fondement de la Société » ; par J.-J. Rousseau, « que la religion seule donne un solide fondement à la vertu » ; et par Mirabeau, le grand orateur de la Révolution, « que Dieu n'est pas moins nécessaire à l'homme que la liberté ». Franklin disait, de son côté, que tous les maux de cette vie ne sont qu'une légère piqûre d'épingle, en comparaison du bonheur qui attend les hommes justes dans la vie future. Se voyant sur le point d'aller rendre ses comptes au juge suprême, il se réjouissait d'entrer bientôt dans le séjour de la félicité éternelle, et parlait avec enthousiasme « du bonheur de voir le glorieux père des esprits, dont l'essence est incompréhensible pour l'homme le plus sage du monde, d'admirer ses œuvres dans les mondes les plus élevés, et d'y converser avec les hommes de bien de toutes les parties de l'univers ».

Aussi, je vous le déclare franchement, qu'ils nient Dieu par orgueil ou par aveuglement, les athées me semblent les plus misérables de tous les hommes « puisqu'ils trouvent leur consolation à n'en avoir aucune ».

L'histoire nous enseigne que tous les peuples, anciens ou modernes, quel que fût le degré de leur civilisation, ont eu un culte public. Tous les peuples reconnaissent un Dieu créateur n'ayant ni commencement ni fin, souverain dans sa bonté et sa justice. « Embrassez d'un regard, dit un historien célèbre, la surface de la terre, vous y trouverez peut-être des villes sans murailles, sans habitations distinctes, sans magistrats, sans professions et sans métiers, sans propriétés, sans monnaies, sans lettres, ignorant les beaux-arts,...... Vous ne sauriez en rencontrer aucune ignorant Dieu, sans culte, sans oracles, sans sacrifices offerts pour obtenir des biens, sans rites expiatoires pour détourner des maux ». Cet accord tacite et unanime suffirait à prouver l'existence de Dieu.

J'ajoute que la grandeur véritable des peuples a toujours été en rapport direct avec l'état de leurs croyances. Là où la foi est vive, les mœurs sont pures, et les vertus privées constituent la principale garantie de la prospérité publique. Là, au contraire, où l'indifférence religieuse fait des progrès, la moralité s'affaiblit, les citoyens s'avilissent dans les jouissances matérielles, et la nation est précipitée dans une irrémédiable décadence.

Comme Napoléon Ier, à l'apogée de sa gloire, s'étonnait un jour de rencontrer en Espagne et en Russie des résistances plus vives qu'ailleurs, je ne sais quel diplomate lui répondit : « Sire, si les Russes et les Espagnols défendent leur indépendance plus héroïquement que d'autres, c'est parce qu'ils sont moins affaiblis par le fléau de l'irréligion ».

Que les dehors brillants d'une prospérité trompeuse ne nous éblouissent pas. Allons au fond des choses, et nous reconnaîtrons que partout où l'on renie Dieu, l'on renie le bonheur ;

que la passion d'un luxe malsain se répand en haut de l'échelle sociale, pendant qu'en bas la misère et l'envie font des progrès inquiétants : en un mot, que le vice et le malheur se développent parallèlement.

La foi elle-même ne suffit pas ; elle doit agir pour être sincère. De même que le corps a besoin de nourriture, de même l'âme a besoin d'un aliment, et cet aliment ne peut être que la prière qui la met en communication avec Dieu. L'âme ainsi vivifiée devient, selon les Saintes Écritures, l'image de Dieu même. L'homme a besoin de la société de Dieu ; il a besoin de vivre en union avec lui. Il y a solitude pour lui dès qu'il ne l'a pas présent et intime à sa pensée ; on peut même dire qu'il n'y a pas de plus triste solitude.

La vertu qui oublie Dieu est une vertu bien chancelante : elle ignore d'où elle vient, où elle va et, dans les sentiers abruptes et difficiles de ce monde, elle court grand risque de s'égarer. L'homme, dans quelque condition qu'il se trouve, ne peut être soutenu que par la connaissance des grandes vérités morales et religieuses. Qu'il est faiblement armé en face des passions violentes, des déboires et des tristesses de la vie qui l'assaillent, celui qui n'est pas protégé par ses croyances comme un soldat par son bouclier !

Si la religion est le meilleur soutien de l'homme mûr, ne pensez-vous pas qu'elle soit aussi le plus sûr guide de l'adolescent ? On peut avoir le sens droit et être mauvais conseiller en cette matière ; l'exemple de votre grand-père en est la preuve. Il avait dû hériter, sous ce rapport, de préjugés dangereux, trop répandus dans les rangs du peuple ; sinon, comment aurait-il pu se persuader que la crainte de Dieu devient inutile pour un jeune homme dès qu'il a renouvelé sa première communion ? Ce frein n'est-il pas salutaire à un âge où les passions naissantes menacent d'étouffer en lui la faible voix de la raison ? A quoi bon lui inculquer des principes moraux et religieux pendant ses premières années, s'il peut impunément oublier plus tard tout ce qu'il avait appris ? Il faut bien, disent nos gens habiles, que jeunesse se passe. Belle maxime, ma foi ! Comment, avec une pareille éducation, l'imprudent saura-t-il éviter les pièges tendus sous ses pas ?

Puisque nous avons été élevés dans la religion chrétienne, pratiquons-la consciencieusement et écoutons la saine doctrine du prêtre. N'est-elle pas admirable et vraiment divine la morale de l'Evangile qu'il a mission d'enseigner ? « Faites aux autres, nous dit-elle, ce que vous voudriez qu'on vous fit à vous-même ; ne faites pas aux autres ce que vous ne voudriez pas qui vous fût fait à vous-même ; aimez vos ennemis, bénissez ceux qui vous maudissent ; faites du bien à ceux qui vous haïssent, à ceux qui vous outragent et vous persécutent. Si, étant sur le point d'offrir votre don à l'autel, il vous souvient que votre frère a quelque chose contre vous, laissez-là votre offrande et courez vous réconcilier avec votre frère ; vous reviendrez ensuite présenter votre offrande ».

Les esprits forts qui soutiennent que le ciel est désert, et que l'homme n'est qu'une machine intelligente ; qui refusent de voir dans leurs sens les outils de l'âme, pourraient en tout cas, sur la terre, faire profit de ces belles maximes, pour leur direction personnelle.

Mais laissons là les apôtres de la désespérance pour écouter les paroles réconfortantes d'un Franklin: « N'allez pas vous confier uniquement à votre travail, à votre économie, à votre prudence. Ce sont d'excellentes choses, mais elles vous seront tout à fait inutiles sans les bénédictions du ciel. Demandez donc humblement ces bénédictions ; ne soyez point sans charité pour ceux qui paraissent à présent dans le besoin, mais donnez-leur des consolations et des secours. Souvenez-vous que Job fut misérable et qu'ensuite il redevint heureux ».

La première des vertus chrétiennes consiste à rendre à Dieu ce qui est à Dieu, et à César ce qui est à César. Or le jour du dimanche appartient à Dieu ; c'est donc l'offenser gravement que d'employer au travail ou à des soins profanes le temps que nous devons lui consacrer en actions de grâces, en prières et en sacrifices.

Le repos du dimanche est du reste aussi nécessaire à la santé de notre corps qu'au salut de notre âme. De savants économistes, éclairés par la lumière des faits, demandent aujourd'hui que la loi civile rende le repos du dimanche obligatoire pour tous les citoyens. Ils ont constaté en effet que si les grandes usines, les manufactures, avec l'organisation du travail continu, donnent d'excellents produits, elles usent rapidement les forces du protecteur ; ils ont acquis la certitude qu'en travaillant six jours par semaine au lieu de sept, les établissements industriels ou agricoles même, seraient aussi prospères et ne compromettraient plus la santé de l'ouvrier.

Ainsi, vous le voyez, d'après la science, les préceptes de la religion sont conformes à ceux de l'hygiène et de l'économie politique. Le bon sens nous crie aux oreilles que l'observation des commandements de Dieu n'est pas moins utile à nos intérêts matériels que nécessaire au salut de notre âme.

A ce point de vue, plus d'un catholique pourrait prendre modèle sur les protestants. Que voyons-nous, en effet, non pas en Bourgogne, — la plupart des protestants Bourguignons ayant cherché dans l'exil, lors de la révocation de l'Edit de Nantes, un abri contre les persécutions religieuses — mais en Suisse, en Hollande, en Allemagne, en Angleterre, partout où la religion réformée est la religion dominante ? Eh bien ! le scepticisme y fait moins de progrès que dans certains pays catholiques ; les préceptes de la religion sont mieux observés ; les jeunes gens et les hommes ne se contentent pas d'assister aux offices des mariages, des enterrements et des grandes fêtes ; on considère réellement le dimanche comme le jour du Seigneur. Je vous assure que la marche des affaires ne s'en trouve pas ralentie et que les intérêts matériels n'en souffrent nullement ; les preuves de ce que j'avance abondent de tous côtés.

Glorifier l'athéisme ou même tomber dans l'indifférence religieuse, c'est, de la part d'une grande nation comme la France, renier la grandeur de son passé et divorcer avec le bonheur.

— Quant à moi, monsieur, je crois en Dieu. J'ai toujours pensé qu'il y a au-dessus de nous une Providence qui gouverne le monde. Mes camarades qui prêchent en ce moment la désertion du catéchisme et de l'église, ne sont pas, au fond, plus incrédules que moi. Mais, ce qu'ils veulent, c'est le départ de notre curé.

En recherchant de sang-froid l'origine de tous ces malentendus, on reconnaîtrait peut-être que les torts sont égaux de part et d'autre. S'il faut parler net, à Marcilly et ailleurs, la politique nuit à la religion comme la religion nuit à la politique, et nous aurons du mal à sortir de ce mauvais pas.

— Bien parlé, Brissonnet, vous êtes dans le vif de la question ; vous mettez le doigt sur une plaie qui va sans cesse en s'agrandissant, et qui cependant n'est pas incurable.

Depuis le commencement des guerres de religion, le clergé catholique a fait appel au bras séculier pour combattre ses adversaires et entraver la liberté religieuse. En échange de cet appui, il a dû aliéner son indépendance, sacrifiant aussi le plus précieux de tous les biens à des avantages illusoires. Le domaine de la conscience est inaccessible à la force. Si l'on parvient, par la menace de la mort, de la prison, de la confiscation, à ramener quelques hommes dans le giron d'une église, de tels résultats ne sont ni enviables, ni durables ; les conversions

ainsi obtenues ne peuvent être sincères, elles
ne sont que scandaleuses. Les ministres du Dieu
de paix n'ont pas besoin du secours de la
maréchaussée pour faire éclater à tous les yeux
les célestes vérités ; la douceur et la persuasion
doivent leur suffire. En apparence, les drago-
nades de Louis XIV ont favorisé les intérêts
temporels de l'Église ; en réalité, elles ont été
néfastes aux intérêts sacrés de la religion.

Depuis la Révolution de 1789, la liberté de
conscience a fait de grands progrès dans nos lois
et dans nos mœurs. Mais, au milieu de nos
luttes politiques contemporaines, l'église française n'a peut-être pas toujours fait preuve d'une
assez grande réserve. Poussés par la vivacité
des compétitions, les divers partis cherchaient
des alliés de tous les côtés ; il en est parmi eux
qui, à l'aide de trompeuses promesses, sont
parvenus à entraîner le clergé dans la mêlée.
Mieux vaudraient pour celui-ci de sages ennemis
que des amis aussi compromettants. Que nos
prélats eussent été bien inspirés en repoussant
toujours ces dangereux alliés ! Que ne leur ont-
ils dit ? « Le royaume de notre maître n'est pas
de ce monde. Si, comme citoyens, nous ne pouvons nous désintéresser des choses temporelles,
comme ministres de Dieu, nous ne devons user
de l'autorité que notre sacerdoce nous donne

sur les âmes, que dans l'intérêt de leur salut ».

Sans doute, Brissonnet, la religion et la politique ont l'une et l'autre une influence considérable sur les destinées d'un pays, mais leur action doit être distincte, parallèle ; le sacré et le profane ne peuvent être confondus. Séparation de la religion et de la politique, voilà le progrès que souhaitait naguère un illustre écrivain nommé de Tocqueville : « Si le catholicisme, disait-il, parvenait enfin à se soustraire aux haines politiques qu'il a fait naître, je ne doute pas que ce même esprit du siècle, qui lui semble si contraire, ne lui devint très favorable et qu'il ne fit tout-à-coup de grandes conquêtes ».

L'abbé Bougaud, vicaire général à Orléans, vient d'émettre publiquement le même vœu : « La religion sort de la sphère agitée des choses politiques ; elle monte dans la région plus élevée, plus sereine, plus immuable aussi des choses divines...... Commencé, interrompu, repris, mal dirigé, ce progrès s'achèvera. Le prêtre comprendra de plus en plus qu'il ne doit être l'homme d'aucun parti, pour être l'homme de tous ; que c'est folie à lui de traîner sa robe immaculée au milieu de ces poussières que le vent balaie, et d'unir son immortel sacerdoce à des pouvoirs éphémères, vainqueurs ce matin, vaincus ce soir, qui ont besoin de lui et qui le remercient de son appui en le compromettant ».

Quand les premiers apôtres allaient répandre dans le monde la parole divine, mendiaient-ils l'appui des gouvernements ?

« ...... Le vieux Saint-Paul haranguant les Romains,
Suspendant tout un peuple à ses haillons divins,

a-t-il fait alliance avec César tout-puissant ? La croix, voilà le seul appui digne du prêtre. Cet emblème pacifique à la main, libre de toute compromission, qu'il marche à la conquête des âmes, et le monde est à lui.

Le clergé doit respecter les pouvoirs publics ; en revanche, l'hostilité de l'Etat contre la religion ou ses ministres, serait funeste aux intérêts de l'Etat lui-même. Vous en devinez la raison. Tout gouvernement digne de ce nom, n'a d'autre objectif que la grandeur de la nation qu'il dirige ; or une nation ne peut être grande que si les citoyens sont vertueux ; la vertu ne peut être mise en honneur que par l'enseignement de la morale, et qui peut mieux enseigner la morale que les ministres de la religion chrétienne ?

Défendons-nous loyalement contre nos adversaires politiques ; cherchons, s'il est possible, à les convaincre de leurs erreurs. Mais, du moins, au nom de la France, au nom de la patrie qui nous est chère, ne rendons pas la religion responsable des fautes de certains prêtres qui ont compromis leur caractère dans les luttes politiques.

Ils sont insensés les pères de famille qui, de gaieté de cœur, dédaignent pour leurs enfants les commandements de Dieu et les commentaires qu'un prêtre dévoué leur donne dans ses leçons de catéchisme. Si vous aviez, Brissonnet, la faiblesse de céder aux sollicitations dont vous êtes l'objet, vous prendriez une décision qui, pour être désagréable au curé de Marcilly, n'en serait pas moins dangereuse pour votre fils.

Loin d'entrer dans le petit complot qui se forme, engagez plutôt vos camarades à l'abandonner, et ils s'inclineront, je l'espère, devant la sagesse de vos observations.

— Je me suis bien trouvé des leçons du prêtre et de l'instituteur ; mon garçon continuera donc à fréquenter l'église et l'école.

Quant à mes camarades, je crois aussi qu'ils feraient mieux d'aller droit au but que de s'engager dans des chemins tortueux. De ce pas, je vais leur dire ce qu'il faut penser de tout cela.

Le lendemain, Brissonnet me confirma la démarche qu'il venait de faire auprès de ses camarades ; la discussion qu'il avait eue avec eux avait été vive, mais courtoise.

Je n'entendis plus parler de tous ces démêlés qui prirent fin quelques mois plus tard, à la satisfaction de tous, le curé de Marcilly-sur-Saône ayant été rappelé au petit séminaire d'Arcis-sur-Tille comme professeur de seconde.

V

Le fils Brissonnet obtient son certificat d'études primaires ; sa mère veut l'envoyer à Arcis comme employé de bureau ; témérité de ce projet. Le père mieux avisé lui fait faire son apprentissage dans son atelier.

———————

Le fils Brissonnet fit donc sa première communion au mois de mai 1879, et la renouvela l'année suivante, dans les dispositions qu'on pouvait souhaiter.

Son père se proposait de lui apprendre dans son atelier, dès le mois d'août 1880, le métier de forgeron, mais il avait compté sans son hôte. L'instituteur, connaissant les aptitudes de l'enfant, rêvait de longue date pour lui le certificat d'études primaires. Le succès, pensait-il, ferait honneur à l'élève et ne saurait nuire au maître. Il mit d'abord la mère dans son jeu ;

puis tous deux réunirent leurs efforts contre le père et finirent par triompher de sa résistance.

Leurs espérances communes ne furent pas déçues. Dans les premiers jours de juillet 1881, le studieux écolier obtenait du jury d'examen, avec la note « très bien », le certificat si ardemment convoité. Toute la famille fut dans la joie et, ce jour là, la forge chôma du matin au soir. L'heureux évènement fut fêté dans un repas de famille où l'instituteur dut accepter la place d'honneur.

On ne manqua pas de s'entretenir de l'avenir de l'écolier diplômé. Entre la poire et le fromage, chacun émit son avis, à part toutefois le « grand Brissonnet ». Son intention était de venir me consulter, ce qu'il ne manqua pas de faire quelques jours plus tard, dès que nous fûmes installés à nouveau, moi et les miens, dans notre maison de campagne.

Après m'avoir raconté comment il avait été forcé en quelque sorte d'envoyer son fils à l'école, jusqu'à l'âge de quatorze ans, il ajouta :

— Aujourd'hui, adieu paniers, vendanges sont faites : il faut qu'il commence à gagner sa vie. Sa mère me tourmente pour en faire un employé de bureau, s'imaginant qu'il aura ainsi plus de profit et moins de peine qu'à la forge ; elle désirerait donc lui trouver une place d'écri-

vain à Arcis-sur-Tille, soit dans « les chemins de
fer », soit dans une autre administration. Bien
qu'il m'en coûte beaucoup de me séparer de mon
pauvre enfant, je m'y résignerai si ce doit être
pour son bien, mais, dans tout cela, je veux
voir clair. Aussi ai-je recours une fois de plus,
à vos lumières.

— Il s'agit en effet, Brissonnet, d'une grave
affaire, puisqu'il s'agit de l'avenir de votre
enfant, et si je puis vous être utile en cette
circonstance, je me mets entièrement à votre
disposition.

Et d'abord, votre fils a-t-il une constitution
assez robuste pour se livrer sans fatigue aux
rudes travaux de votre métier ?

— Oh ! pour cela, oui monsieur. Le gaillard
est bâti à chaux et à ciment ; d'ailleurs c'est le
portrait de son père qui, je le pense, n'est pas
une femmelette. A voir mon gars, on lui donnerait deux ans de plus que son âge. S'il ne lui
arrive pas malheur, je crois qu'il sera bientôt
capable de frapper hardiment sur l'enclume.

— J'entends, Brissonnet ; mais, au moins,
manifeste-t-il du goût pour votre état ? Aime-t-il
à vous voir travailler à la forge ?

— A peine portait-il sa première culotte
qu'il ne cessait de répéter : « Moi je veux être
forgeron comme mon papa ». Plus tard, dans

ses récréations d'écolier, il était toujours sur mes talons, s'ébaudissant à me voir battre le fer, forger des outils et des charrues. Il y prenait plaisir au point que j'avais peine à l'envoyer jouer avec ses camarades. En grandissant, il avait les mêmes goûts, et son plus grand bonheur était de m'aider de temps à autre, dans de menus travaux.

Toutefois, depuis un an, il fréquentait moins l'atelier. Je m'en suis pris à son maître qui, à l'approche des examens, lui taillait de la besogne en lui donnant même des leçons particulières. Aujourd'hui, il rêve de la ville, s'imaginant qu'à Arcis, il suffit d'ouvrir le bec pour que les alouettes y tombent toutes rôties. Mais, au fond, il n'a pas de mauvais penchants. Il sait ce que j'ai fait pour lui, il sait aussi qu'en retour, il me doit au moins l'obéissance. Ce qu'on trouve dans les livres, c'est utile ; mais ce qu'on apprend dans la vie, ne nuit pas non plus. J'ai un peu plus d'expérience que mon fils, et je ne veux que son bien ; quoi que je décide, il se soumettra sans broncher.

— Chacun de nous, Brissonnet, croit aisément ce qu'il craint et ce qu'il espère, et voudrait tourner ses rêves en réalités. Les jeunes gens, surtout, n'écoutent que leurs instincts et ne croient au mal que lorsqu'il est arrivé ; votre fils ressemble aux autres. Il est plein d'illusions que les années se chargeront de dissiper ; jusque là, il vous appartient de le guider. Avez-vous, à Arcis, des proches parents qui puissent lui donner asile ?

— Non, monsieur, mais nous y avons un ami, le frère du tisserand de Marcilly, qui tient l'auberge du « Coq hardi », où il prend des pensionnaires à bon marché.

— Dans les chemins de fer ou dans les administrations dont vous parlez, connaissez-vous des personnes influentes qui puissent faire valoir plus tard les droits et les services de votre fils ?

— Nous n'y connaissons âme qui vive.

— S'il en est ainsi, Brissonnet, je n'hésite pas à vous dire : conservez votre enfant auprès de vous. Vivant ici au milieu d'êtres aimés, il sera plus heureux et mieux portant. Je vous l'avoue, je suis effrayé de cet engouement qui, de nos jours, pousse la jeunesse des campagnes à émigrer vers les villes. Les pauvres enfants ! Comme ils sont à plaindre de dédaigner les douceurs de la vie rustique ! La plupart d'entre eux ne se déplacent que pour aggraver leur sort qu'ils croyaient améliorer.

Dans les grands centres, dans les villes manufacturières, combien ne voit-on pas de

malheureux qui regrettent amèrement de s'être
éloignés de leur village natal ! Séduits par la
perspective d'un salaire plus élevé, ils n'avaient
pas prévu le chômage, le prix élevé des loyers
et des vivres, et les occasions de dépenses. La
misère qui les étreint est mauvaise conseillère,
et il leur est bien difficile de vivre honnêtement.

Que ne peuvent-ils retourner au pays natal
pour reprendre l'existence d'autrefois ! Souvent
ils caressent cette idée, s'y rattachant comme
les naufragés à leur dernière planche de salut,
mais il est trop tard ; ils sont trop déguenillés,
trop misérables ; on rirait d'eux (le paysan est
sans pitié !). Ils se souviennent du retour de
l'enfant prodigue dont l'histoire tapissait, là-bas,
les murs de la maison paternelle. Ils voudraient
faire comme lui ; ils ne l'osent, et leur dernier
espoir s'évanouit à la fin comme un rêve.

Que votre fils se garde donc de lâcher la proie
pour l'ombre. Pour vous tous, son départ serait
cruel ; pour lui, pauvre enfant de quatorze ou
quinze ans, l'isolement deviendrait funeste.

L'instruction primaire qu'il a reçue, lui per-
mettra, dès maintenant, de charmer ses loisirs
par de saines lectures et, plus tard, de mettre
de l'ordre dans ses affaires ; mais elle ne suffit
pas pour former un homme, un citoyen. Ce
jeune homme ne pourra répondre aux espérances

que vous fondez sur lui, qu'avec le secours de
l'éducation, et comment l'acquerra-t-il, si ce
n'est au foyer domestique ?

Dans un jour heureusement sans lendemain,
où la mésintelligence était survenue entre vous
et votre femme, je vous disais déjà que la vie
de famille est aussi nécessaire aux enfants
qu'aux parents : pour ceux-ci, c'est l'école du
bonheur, et pour ceux-là, l'école de la volonté.
Là, le dévouement paternel, la tendresse maternelle, le respect filial, animent tout le monde ;
les travaux quotidiens auxquels les petits
s'associent dès que leurs forces le leur permettent,
les soirées paisibles où l'on échange ses impressions du jour, les lectures auxquelles tous
participent, la solidarité des bonnes œuvres et
des bons sentiments, développent dans les âmes
le goût du bien et un mutuel attachement.
Dans ce sanctuaire se développe la sensibilité,
principe vivifiant de toutes les vertus. Là vos
enfants apprennent à soutenir la bonne fortune,
aux jours heureux ; il savent en effet que s'il y
a des années où l'abondance de la récolte fait
affluer les commandes à la forge et facilite aux
cultivateurs et aux vignerons le paiement de
vos mémoires, il en est d'autres où la gêne de
vos clients rend les chômages fréquents et la
rentrée des fonds difficile. En prenant leur part

de vos plaisirs et de vos peines, ils font eux-mêmes pour l'avenir, provision de courage et d'énergie.

C'est ainsi que les parents associés à l'œuvre de la création dans l'ordre moral comme dans l'ordre physique, acquièrent sur leurs enfants une autorité destinée principalement à les retenir dans la voie du devoir.

Vous ne seriez donc pas excusable de négliger l'éducation de votre fils, lorsque votre situation vous fournit tous les moyens de lui inspirer la crainte de Dieu, le respect des lois et l'amour du travail ; il ne se perdra pas avec de tels guides, et il lui serait difficile de ne pas s'égarer sans eux.

S'il allait résider à Arcis, ses relations avec vous seraient peu fréquentes ; à peine tous les mois pourrait-il passer quelques heures à Marcilly. Peu à peu, il deviendrait étranger à tout ce qui vous touche. Le foyer domestique, ce serait pour lui quelque galetas dans lequel on lui dresserait un mauvais lit ; ce serait la salle du « Coq hardi », où il prendrait ses repas en compagnie de pensionnaires et de voyageurs peu retenus dans leurs propos ; avouez que, dans un tel milieu, avec son imagination vive et son inexpérience, il courrait les plus grands périls.

N'allez pas croire non plus que ce genre de vie
favoriserait le développement de ses forces
physiques. Les habitants des campagnes envient
le sort des ouvriers des villes qui, disent-ils,
travaillent dans des locaux clos et couverts,
tandis qu'eux-mêmes, sont exposés à toutes les
intempéries des saisons, et condamnés à circuler
dans des chemins malaisés, à remuer sans cesse
un sol boueux et ingrat.

En réalité, les travaux des cultivateurs et des
artisans ruraux sont plus hygiéniques et plus
fortifiants que ceux des ouvriers urbains occupés
le plus souvent dans des ateliers où l'air est vicié
par la chaleur, la poussière et la fumée. Quant
aux employés de bureau ou de magasin, ce sont
les plus malheureux de tous. Du matin au soir
ils restent enfermés dans des salles généralement trop étroites, mal éclairées et mal aérées,
où leur intelligence et leurs doigts travaillent
pendant que leur corps reste immobile. Cette
existence anormale ne peut qu'étioler leur constitution et ruiner leur santé.

Votre fils est très-robuste, me dites-vous. Eh
bien ! réalisez le rêve de votre femme ; envoyez-
le comme gratte-papier à Arcis-sur-Tille et,
dans quelques années, lorsqu'il sera appelé au
régiment, vous verrez s'il est aussi bien planté
sur ses jarrets que ses camarades de Marcilly,

s'il a la poitrine aussi développée, s'il possède enfin les mêmes aptitudes à supporter les fatigues du service militaire.

Fatigué, énervé par un travail trop prolongé, trouverait-il au moins un dédommagement dans ses heures de loisir ? Nullement. C'est de ce côté au contraire, que se dresserait l'écueil le plus dangereux pour lui. A la ville, beaucoup de jeunes gens abandonnés à eux-mêmes, apprennent justement ce qu'ils devraient ignorer, et ignorent ce qu'ils devraient apprendre. A voir l'insouciance de certains parents, on dirait qu'un simple apprentissage de métier suffit à leur fils pour parcourir sa carrière ! Le peu de soins, le défaut d'éducation, voilà quelles sont alors les causes de la perte du malheureux jeune homme. Il est abandonné à lui-même, au moment où il aurait le plus grand besoin d'être soutenu par la religion et par l'autorité paternelle. Dans cette période critique où les passions naissantes devraient être réprimées par un frein salutaire, tout le monde lui met en quelque sorte la bride sur le cou. Quoi d'extraordinaire alors, à ce que la raison se taise devant les sens et subisse leur tyrannie, à ce que le cœur se déprave au point de rendre impossible le discernement du bien et du mal ! Que de jeunes gens ont ainsi succombé parceque la main secourable des guides de leur enfance s'était subitement retirée d'eux !

Votre fils aurait-il la prudence nécessaire pour ne se lier, à la ville, qu'avec des camarades élevés dans des sentiments honnêtes ? Saurait-il éviter les liaisons dangereuses ? Le proverbe « Dis moi qui tu hantes, je te dirai qui tu es », s'applique surtout aux jeunes esprits si prompts à recevoir toutes les impressions du dehors. Bien que la ville d'Arcis ne compte que sept à huit mille âmes, il y existe sans doute des bals publics, des cafés à profusion, voire même des cafés-concerts. C'est là que votre malheureux fils, n'ayant à redouter ni les remontrances de sa famille, ni les reproches d'une conscience muette, serait entraîné à chercher des amusements qui réduiraient en lambeaux son manteau d'innocence, la plus belle parure de sa jeunesse. Si vous voulez que, sain de corps et d'esprit, il acquière les vertus nécessaires à son bonheur, conservez-lui à votre foyer la place que le Ciel a marquée.

Toutes les professions, même les plus modestes, sont honorables, pourvu qu'elles soient exercées avec probité. « Aucun état ne déshonore un homme, a-t-on dit justement, mais un homme déshonore parfois son état » ; celui qui veut monter plus haut qu'il ne peut, risque à tout moment de tomber plus bas qu'il n'était.

Votre métier est lucratif ; contentez-vous en pour votre fils, dans la crainte qu'il n'en choisisse un pire ; n'hésitez pas à en faire un forgeron.

VI

Le fils Brissonnet commence à fréquenter les cabarets ; inquiétudes de ses parents ; comment on parvient à le soustraire à ce péril.

———

A la suite de notre dernier entretien, le « grand Brissonnet », au lieu d'envoyer son fils chercher fortune à la ville, l'avait initié au travail, dans son atelier de Marcilly.

Il n'eut qu'à se louer de cette décision et plus d'une fois, il me fit part de son contentement. En 1884, ce jeune homme termina son apprentissage. Possédant alors, avec l'amour de son métier, assez de force et d'adresse pour le bien exercer, il put s'élever au rang de compagnon et remplacer celui que son père avait gagé jusque-là.

Les cinq filles avaient grandi. L'aînée apprenait l'état de couturière ; la cadette et la troisième commençaient à aider leur mère dans les travaux du ménage ; les deux plus jeunes fréquentaient encore l'école.

Tout marchait donc à souhait ; les enfants élevés dans le travail et le respect filial, apprenaient sous la direction de leurs père et mère, la science du devoir qui est la plus précieuse de toutes.

Les frais généraux de la forge étant réduits par le départ de l'ouvrier qui, tant en gages qu'en nourriture, ne coûtait pas moins de douze cents francs par an, le père de famille avait pu se rendre acquéreur de plusieurs parcelles de terre et de vigne, et même de quelques obligations de chemins de fer. Je l'approuvais de faire ainsi, d'une manière sûre, fût-ce à petit intérêt, l'emploi de ses économies, car un sou bien assuré vaut mieux que cinq en espérance. Quiconque recherche des placements à gros intérêts, c'est à dire des placements à la grosse aventure, s'expose à perdre le capital en même temps que le revenu.

Ce brave homme se confondait en remerciements chaque fois qu'il me rencontrait : « Je vous dois, me disait-il, une forte part de mon bonheur ; si je n'avais suivi vos bons conseils, je n'en serais pas là aujourd'hui. »

Dans le cœur de l'ouvrier laborieux, il y a rarement place pour l'ingratitude ; j'en appelle à tous ceux qui ont pu faire l'expérience de cette vérité consolante.

A l'automne 1885, en arrivant à Marcilly, j'appris que, depuis deux ou trois mois, le fils Brissonnet donnait des soucis à son père et que celui-ci désirait m'entretenir à son sujet. Je le mandai dès le lendemain matin.

— Mon fils, me dit-il, vient de prendre ses dix-huit ans. Jusqu'à ces derniers temps, il s'était bien comporté. C'est au lendemain de « l'Assemblée » de Marcilly qu'il a commencé à se déranger et, depuis moisson, il va de mal en pis. En semaine, il a encore le cœur à l'ouvrage ; mais, le dimanche, ce monsieur passe toute la soirée au cabaret et, plus d'une fois, il est rentré à la maison, passé-minuit. Lassés de l'attendre, nous nous couchons et, le lendemain matin, sa mère et moi nous lui faisons de bonnes semonces, mais il n'écoute guère sa mère ; moi-même, je n'en suis plus tout à fait le maître. Il n'est pas encore perdu, mais je crains qu'il ne se perde rapidement. Parfois, lorsque ma femme gémit de sa conduite, je lui rappelle la témérité de ses projets d'antan. « Que serait devenu notre fils, lui disé-je, si d'autres n'avaient pas vu plus loin que toi ? Il croupirait dans le vice, comme la lie du peuple ». Bref, à moins de le frapper, je ne sais quel moyen employer pour avoir raison de lui.

— Peut-être a-t-il trop d'argent de poche.

— Non, Monsieur. Depuis qu'il est passé
compagnon, je lui délie les cordons de ma bourse
un peu plus que par le passé ; cependant, s'il
ne dépensait que les petites sommes dont il
dispose, il n'y aurait que demi-mal. Ce que je
crains, c'est qu'il ne fasse des dettes dans les
cabarets de Marcilly. Il me serait facile de
m'en assurer, en allant trouver les cabaretiers ;
mais je me garderai bien de le faire, car la
colère m'emporterait à jeter à la face de quelques-uns d'entre eux des vérités désagréables.

— Y en a-t-il donc d'assez peu scrupuleux
pour attirer les jeunes gens en leur faisant crédit
secrètement ?

— Hélas ! oui. Longtemps nous n'avons eu
que deux cabarets, bien suffisants pour une
population de huit cents âmes ; tous deux faisaient
leurs affaires. Mais, depuis quelques années, il
s'est ouvert ici deux nouveaux débits dont le
besoin, à mon avis, ne se faisait guère sentir ; ils
sont tenus par deux fainéants qui tirent le diable
par la queue. Plusieurs pères de famille se sont
plaints au maire de ce qu'ils retenaient les jeunes
gens après l'heure « de la police » ; les gen-
darmes leur ont même dressé des procès-verbaux,
mais ils se moquent des règlements et de l'autorité.

— Quelles boissons vendent-ils, d'habitude, aux jeunes gens ?

— De la mauvaise eau-de-vie et des drogues, qui, leur montant à la tête, ont plus d'une fois fait succéder les rixes aux orgies.

— S'il en est ainsi, Brissonnet, je comprends vos préoccupations. Le vin naturel et la bière, chez ceux qui en boivent modérément, n'ont pas d'effet pernicieux. Mais rien n'est plus nuisible à la santé que cette sorte de poison mortel que, par dérision sans doute, on appelle « eau-de-vie ».

Les livres et les spectacles immoraux, avant-coureurs de la débauche, entraînent aujourd'hui de grands désordres, mais le plus dangereux des fléaux qui menacent l'humanité, c'est l'alcoolisme : l'alcoolisme, voilà l'ennemi. Si prêtres, instituteurs, familles, sociétés de tempérance, gouvernements même, ne réunissent pas leurs efforts pour lui faire une guerre acharnée, il aura bientôt fini d'abâtardir toutes les races Européennes, la race Française comme les autres.

Il faut à tout prix, mon pauvre ami, soustraire votre enfant au péril qui le menace, sinon il tombera dans la décrépitude avant même d'avoir atteint l'âge viril. Le mal n'est pas encore invétéré, mais, dès que le vase sera imbibé, dès

que l'étoffe aura pris son pli, la guérison
deviendra impossible.

Gardez-vous donc d'imiter l'indolence de certains pères de famille qui prennent leur parti de
semblables déportements : « A quoi bon, disent-
ils, nous échauffer la bile pour de petits écarts
de conduite qui sont inévitables ? On ne peut
élever les garçons comme les filles. S'ils ne
sortaient pas, on croirait que ce sont des momies.
Il faut bien que jeunesse se passe ». Ce dernier
mot est à la mode ; mais je vous assure qu'il
me porte terriblement sur les nerfs. Sans doute,
il faut que jeunesse se passe, mais sans laisser
derrière elle tout un cortège de dangereux
penchants. Un jeune homme habitué à s'abrutir
le dimanche et même le lundi, dans les mauvais
lieux, peut s'amender en apparence lorsqu'il
désire s'établir, dans la crainte que sa mauvaise
réputation ne fasse échouer ses projets. Est-il
marié, la vivacité de son affection pour sa femme
parvient, dans les premiers temps, à le retenir
à la maison. Bientôt les anciennes habitudes,
dominant sa volonté, l'entraînent de nouveau
vers le cabaret ; il n'y rentre qu'en tremblant ;
mais peu à peu les conseils et l'exemple de
compagnons plus buveurs que lui, le rendent
sourd aux reproches de sa conscience et il retombe
définitivement dans l'ivrognerie.

Pourquoi faut-il que l'homme, le plus raisonnable des animaux, ait cependant le plus de
pente à se porter aux excès ? Rien n'est plus
affreux que de s'exposer ainsi à perdre la raison
et à tomber au niveau de la brute. L'ivresse
étant une vraie folie, celui qui s'y adonne est
un fou plus à plaindre et plus honteux que les
autres, parcequ'il se rend fou par sa faute.
La misère suit le vice de près. Chez notre ivrogne,
les dépenses augmentent en même temps que les
ressources diminuent ; souvent même le pain
manque à la maison. La femme, par dévouement conjugal, supporte sans se plaindre les
privations et les sévices. Mais, à la longue,
elle perd patience. Sur les conseils de ses
parents, de ses voisins même, émus de son
long martyre, elle finit par s'éloigner, aban-
donnant son mari à la passion funeste qui
l'abrutit.

L'ivrognerie n'est plus circonscrite aux villes :
grâce à la multiplicité des cabarets, ce fléau
qui, au rapport des médecins, tue plus d'hommes
que la guerre et le choléra, se répand peu à
peu dans les campagnes. Peut-être même avez-
vous vu l'ivrognerie briser l'existence de plus
d'un habitant de votre village.

— Hélas ! monsieur, sans remonter à plus
de vingt années, je pourrais citer des exemples.

Oui, je me rappelle cinq ou six jeunes hommes issus de bonnes familles, élevés honnêtement, doués d'une forte constitution, que l'ivrognerie a perdus. Ils ont eu beau faire les fanfarons : l'eau-de-vie et l'absinthe ont eu rapidement raison d'eux tous. Après le délabrement de l'estomac, la perte du sommeil et de l'appétit, les vertiges, les tremblements nerveux dans les mains et les jambes, sont survenus des accidents plus graves. Enfin, ruinés, abrutis, repoussés par tous, ils sont morts à la fleur de l'âge. Si j'avais un penchant à abuser de l'alcool, il me semble que, connaissant ses funestes effets, je prendrais en pitié mon corps et mon âme, et qu'à tout prix je voudrais me corriger.

Dieu sait si j'aime mon fils, le seul qu'il m'ait donné, mais, je vous le jure, foi d'honnête homme ! je ferais des vœux pour qu'il me le reprît de suite, s'il devait finir comme ceux dont je parle ; au moins la mort viendrait-elle avant le déshonneur.

— Ne vous désolez pas, Brissonnet ; nous saurons bien tirer votre fils de l'ornière où il commence à s'embourber. Ce n'est encore qu'un enfant, et les enfants comme les fous croient, dit-on, que vingt ans et vingt francs ne doivent jamais finir. Mais l'honnêteté de ses sentiments et l'amour du travail le sauveront infailliblement.

— C'est ce que j'espère, monsieur. Mais, comment faire pour le ramener au bien ? Il travaille à l'atelier, en ce moment ; si vous vouliez bien, j'irais l'y chercher.

— Non, mon ami ; ce serait l'humilier mal à propos. Il n'appartient qu'à vous d'agir actuellement sur l'esprit et le cœur de votre fils. Qu'il aille s'amuser au café pendant l'après-midi du dimanche, avec ses camarades, je l'admets ; mais vous devez vous opposer énergiquement à ce qu'il y retourne le soir. Il n'en faut pas démordre ; que ce soit là votre dernier mot.

— Et s'il refuse de se soumettre, faudra-t-il donc user de violences envers lui ?

— Gardez-vous en bien, les violences n'auraient pour effet que de l'exaspérer et de le porter peut-être à quelque extravagance.

Je sais un moyen de le mettre à la raison. Il est toujours pénible d'y recourir, mais ce sera votre dernière ressource si votre autorité paternelle est définitivement méconnue.

Tout père de famille qui a de graves mécontentements de la conduite de son fils mineur, a le droit de le faire détenir dans une maison d'éducation correctionnelle. Le cas échéant, vous n'auriez qu'à vous munir, à cet effet, d'une autorisation délivrée par le Président du Tribunal d'Arcis-sur-Tille. Une pareille mesure procédant de votre volonté, ne revêtirait aucun caractère infamant, et ne pourrait manquer de produire des effets salutaires. A la première occasion, prévenez-le que vous êtes résolu à user de vos droits, s'il désobéit à vos ordres. Il y aura dans cet avertissement de quoi le faire réfléchir. Ce n'est pas tout ; à côté des menaces, placez les encouragements. Quelle somme lui donnez-vous, chaque mois, pour ses menus plaisirs ?

— Dix francs, Monsieur.

— Promettez-lui en quinze désormais, à condition qu'il en dépose dix à la Caisse d'épargne. L'espoir d'avoir un petit pécule lui inspirera le goût de l'économie et contribuera à l'éloigner du cabaret. Faites-lui comprendre aussi que l'argent mis de côté lui donnera plus tard, durant son service militaire, la double facilité de faire quelques voyages à Marcilly et de se procurer après les exercices pénibles, une nourriture plus confortable que l'ordinaire de « la compagnie ».

Parfois, montrez-lui l'état dégradant auquel l'ivrognerie le réduirait en quelques années.

Parlez-lui des cinq ou six habitants de Marcilly qui sont morts victimes de ce vice honteux laissant derrière eux femmes et enfants, dans la misère. Opposez à leur exemple celui de la plupart des habitants de la commune, qui trouvent dans le travail, la sobriété et l'économie, la source d'une modeste mais agréable aisance.

Agissez enfin sur sa raison et sur son cœur par tous les moyens possibles, par l'espoir des récompenses comme par la crainte des châtiments, et vous triompherez de ses mauvais penchants.

VII

Brissonnet se lamente de ce que son fils est appelé à faire son service militaire ; pourquoi ses plaintes sont injustes ; conseils donnés au jeune soldat.

Brissonnet vint me voir quelques semaines plus tard, comme je me disposais à quitter la campagne. Il me raconta que, le lendemain de notre entretien, il avait eu une explication très vive avec son fils, et que celui-ci, après avoir fait mine de s'emporter, s'était calmé devant la menace de la maison de correction. Les promesses, venant après les menaces, avaient amené un changement de front dans ses dispositions d'esprit, et fait succéder le beau temps à l'orage. Séance tenante, il avait juré de se soumettre désormais aux volontés de son père et, depuis il faisait des efforts évidents pour tenir ses serments.

Pour retenir plus aisément le fils Brissonnet au foyer paternel, sachant qu'il aimait la lecture, je mis à sa disposition quelques ouvrages, contes moraux, récits de voyages et d'aventures, histoire populaire de la France.

De retour à la ville, je lui envoyai la traduction d'une brochure signalant les effets pernicieux des liqueurs alcooliques, qui venait d'être publiée par les soins d'une société Suédoise de tempérance. J'ai toujours pensé, quant à moi, que si chez nous l'Etat, ou plutôt les associations bienfaisantes faisaient vendre à bon marché, dans les villes et les villages, de petits livres bien rédigés sur ces divers sujets, la lecture en exercerait une influence favorable sur les esprits et les mœurs.

L'année suivante, j'appris avec plaisir que le fils Brissonnet était revenu définitivement à des sentiments meilleurs. Sans fuir le commerce des jeunes gens de son âge, il savait éviter les excès qui, pendant quelque temps, avaient inspiré des craintes sérieuses à ses parents.

En janvier 1888, ayant vingt années révolues, il s'en alla joyeusement avec ses camarades prendre part aux opérations du tirage au sort. Quelques mois plus tard, le conseil de révision lui décernait un brevet de cuirassier. Puis, il obtint l'autorisation de devancer l'appel, et vint

6

avec son père, me voir à la ville, en rejoignant son régiment caserné à Dijon.

Tous deux me parurent un peu sombres ; aussi, durant les quelques heures qu'ils passèrent à la maison, m'efforçai-je de leur dérider le front.

— On veut, dit le fils Brissonnet, qu'il n'y ait rien au monde de plus beau que la Tour des ducs de Bourgogne ; j'aurai le temps de l'admirer, mais je crois qu'elle ne me fera pas oublier de sitôt celle de Marcilly.

— Puissiez-vous dire vrai, repris-je, et ne jamais oublier le village où vos aïeux ont mené une existence paisible, où vous-même avez passé une heureuse jeunesse ! Gardez précieusement au fond de votre cœur, pendant les trois ou quatre années qui vont suivre, l'espoir du retour au pays natal.

Lorsque sonnera pour vous l'heure de la libération, n'enviez pas le sort de ces jeunes gens, trop nombreux hélas ! qui ne retournent au village que pour prendre congé de leur famille. Ce mouvement d'émigration vers les villes, que la vie de garnison contribue à développer, m'inquiète pour l'avenir de notre patrie. Combien ne serait-il pas préférable que chacun de nous, dût-il se résigner à n'y être pas prophète, se fixât dans son pays natal ! Il est imprudent de s'en éloigner sans de graves raisons.

— Loin de moi, répondit-il, la pensée d'abandonner jamais et mes parents, et mes amis de Marcilly !

A mon retour du régiment, cela est convenu, je prendrai à mon compte la forge que nous exploitons, de père en fils, depuis le commencement du siècle. Je ne suis pas ambitieux et je me contenterai de notre métier.

— On voit bien, lui dis-je, que vous êtes allé à bonne école, et qu'auprès d'un jeune homme sérieux, les leçons paternelles portent leurs fruits. Mais, parlons un peu de votre existence de demain qui sera toute nouvelle pour vous. Dans la chambrée, vous assisterez parfois à des conversations grossières ; gardez-vous d'y prendre part, car les mauvais propos engendrent les mauvaises actions. Si l'on soutient devant vous d'absurdes paradoxes qui froissent vos sentiments intimes, ne prenez pas la peine de les réfuter, ce serait leur faire trop d'honneur. Soyez réservé dans vos jugements ; ne parlez que de ce qui peut être utile à vous et aux autres.

Ne jugez jamais vos camarades sur la mine ; méfiez-vous de tout inconnu, et ne donnez votre amitié qu'à celui dont vous aurez mis le dévouement à l'épreuve. Deux sûretés valent mieux qu'une, lorsqu'il s'agit du choix d'un

ami, car il est préférable de rester seul que de
vivre en compagnie du diable. Quant aux amis
que vous aurez choisis, faites en sorte de les
attacher à votre cœur par des liens d'acier. Si
vos supérieurs exercent envers vous leur autorité
avec un peu de rudesse, ne leur en gardez pas
rancune ; soyez, malgré tout, respectueux et
soumis à leur égard. Autour de vous, d'aucuns
se plaindront du service trop pénible, de
« l'ordinaire » insuffisant ; laissez-les dire. Sans
doute, il se produit quelques abus dans les
régiments, surtout de la part de jeunes sous-
officiers qui parviennent à tromper la sur-
veillance dont ils sont l'objet. Mais, grand Dieu !
quel est le coin de la terre où l'on n'en rencontre pas de ces maudits abus ! Et ne voit-on
pas ceux-là mêmes qui affectent le plus
d'indignation lorsque d'autres en profitent,
s'empresser à l'occasion d'en profiter à leur
tour ? Soyez obligeant envers vos amis, car
c'est la loi de nature ; en ce monde, il se faut
entr'aider. Mais ne prêtez d'argent qu'à bon
escient ; souvent, en effet, le prêteur perd le
prêt et l'ami. N'empruntez qu'en cas de nécessité absolue, car l'emprunt tue l'esprit d'économie.
Soyez toujours sincère avec vous-même, et
vous apprendrez ainsi à ne jamais être faux
avec les autres. Faites en sorte que l'ennui

ne vous gagne pas, car c'est un état d'esprit qui engendre les mauvaises résolutions.

Pendant la semaine, vous aurez du loisir, et le loisir est un temps que l'on peut employer à quelque chose d'utile. Tâchez de trouver, dans un atelier de forgeron ou de serrurier, des petits travaux à exécuter. Mettez-vous ainsi à l'abri du désœuvrement, comme on se met à l'abri de l'orage et de la pluie. Gagnez ce que vous pourrez, et gardez votre gain, ou faites-en un utile emploi.

— Mon fournisseur de fers, dit à son tour le père de famille, habite justement Dijon. Il se fera un plaisir, je n'en doute pas, de procurer du travail à mon fils.

Du reste, le gaillard se tirera bien d'affaire ; c'est moi qui vais être le plus à plaindre des deux. Durant trois années au moins, il faudra que je prenne à gages un ouvrier qui me coûtera très cher et qui, vous le pensez bien, ne remplacera pas mon fils. Ne pouvant compter que sur moi seul, je serai obligé de fermer ma porte et de me coucher le dernier. Les impôts d'argent sont onéreux, mais l'impôt du sang l'est bien davantage encore. A tout prendre, nous faisons beaucoup plus pour le gouvernement que le gouvernement ne fait pour nous.

— La plus grande erreur de notre temps,

Brissonnet, c'est de croire que le gouvernement peut tout, et de le rendre responsable du sort de chacun de nous, comme s'il pouvait donner plus qu'il ne reçoit, et payer les dettes de l'Etat sans notre secours. Un ami des hommes prétend même que s'ils n'avaient à payer que les taxes que le gouvernement leur demande, ils pourraient y faire face aisément, mais qu'ils en ont une quantité d'autres plus onéreuses. « Par exemple, dit-il, notre paresse nous prend deux fois autant que le gouvernement, notre orgueil trois fois autant, et ces taxes sont d'une telle nature qu'il n'est pas possible aux agents du fisc de diminuer leur poids, ni de nous en délivrer ». Quant à la loi militaire, je reconnais qu'elle impose aux familles un bien lourd fardeau. Mais vous n'êtes pas assez simple pour croire que le gouvernement vous enlève votre fils dans le but de vous nuire. S'il pouvait vous le laisser, il le ferait volontiers, n'en doutez pas. En effet, le service obligatoire prive l'industrie et l'agriculture d'un nombre considérable de bras et entraîne l'accroissement des autres impôts dont vous parliez tout à l'heure.

C'est un mal, j'en conviens ; mais c'est un mal nécessaire. La France est entourée, depuis une vingtaine d'années, de grandes puissances militaires armées jusqu'aux dents. Peut-elle

faire autrement que de les imiter ? La protection
de nos frontières est devenue pour notre pays
une question de vie ou de mort ; il est juste de
reconnaître, d'ailleurs, qu'au milieu de nos
dissentiments intérieurs, c'est celle-là qui nous
divise le moins.

Si l'Europe restait toujours ce qu'elle est
aujourd'hui, un immense camp retranché, elle
marcherait à sa ruine matérielle et morale. Le
poids des charges militaires deviendrait excessif,
et beaucoup de familles, pour s'en décharger,
n'hésiteraient pas à émigrer au Nouveau-Monde.

Quant aux bonnes mœurs qui constituent la
force principale des nations, le développement
anormal du militarisme finirait par leur porter
d'irrémédiables atteintes.

L'Europe, il faut l'espérer, entrera bientôt
dans la voie du désarmement. La France
pourrait discuter les propositions qui lui seraient
faites, mais, vouloir donner l'exemple en un
sujet aussi grave, ce serait, de sa part, faire
acte de folie et s'exposer à un nouveau démem-
brement. Il nous faut donc, en l'état actuel de
notre vieux Continent, supporter patiemment
l'aggravation des charges militaires et celle des
impôts qui en est la conséquence ; l'intérêt
supérieur de la patrie exige de nous ce sacrifice.

L'amour du clocher, de la famille, du travail,

ce sont là, mes amis, de beaux sentiments dont nous ne saurions trop nous pénétrer ; mais, à moins d'être des égoïstes, nous devons étendre nos regards plus loin. La patrie qui est notre mère, qui nous nourrit et nous élève, qui nous protège et nous défend, a le droit d'exiger nos secours, et ceux qui les lui refusent ou qui les lui accordent à regret, sont des enfants ingrats que le ciel ne bénira pas. Lorsque le Directeur des contributions directes nous envoie notre bordereau annuel, ou lorsque le Commandant du recrutement nous convoque pour une période de service militaire, nous nous prenons parfois à murmurer contre eux, comme s'ils agissaient pour le plaisir de nous molester. En nous donnant des ordres, ils ne font que leur devoir, et nous faisons le nôtre en leur obéissant, puisqu'ils commandent au nom de la patrie, plus auguste et plus sainte que la mémoire de nos aïeux, au nom de la patrie que nous devons respecter même dans sa colère, à laquelle nous devons enfin — lorsqu'elle le réclame — le sacrifice de nos biens et de notre vie.

Sachez donc, mes amis, vous séparer pendant quelque temps. je ne dis pas d'un cœur léger — un tel langage offenserait la nature humaine — mais sans vous plaindre, car vos plaintes seraient injustes. Trois années seront vite passées et, pendant ce temps, notre jeune cuirassier obtiendra d'autant plus facilement de ses chefs la permission d'aller à Marcilly, qu'il aura su gagner leur estime par une conduite plus régulière. Puis il emportera du régiment, avec des habitudes d'ordre et de discipline, des souvenirs ineffaçables. Plus d'un est parfois ennuyé lorsqu'il s'agit de passer par là, mais nous sommes tous fiers, jusqu'à notre dernier jour, d'y être passés.

Sur ces mots, nous nous séparâmes.

Une année après, le fils Brissonnet était brigadier, l'un des mieux notés du régiment, espérant d'ailleurs qu'avec l'aide du dieu Mars il rapporterait dans ses foyers les galons de maréchal-des-logis.

VIII

Des jeunes gens de Marcilly établissent un bal public chez un cabaretier du village. Jeanne Brissonnet s'y rend, accompagnée de sa mère. Assiduités dont elle est l'objet ; son père se décide à lui interdire l'entrée du bal.

———

Deux mois après le départ du fils Brissonnet, nous nous installions à Marcilly. Dans les jours qui suivirent notre arrivée, Jeanne, la fille aînée du forgeron vint, comme d'habitude, faire à la maison quelques travaux de couture. C'était, en même temps qu'une ouvrière habile, une belle personne de vingt ans, honnêtement élevée. D'un caractère gai, elle plaisait beaucoup à nos jeunes enfants qui jouaient volontiers autour d'elle. Cependant, depuis notre retour, nous croyions remarquer en elle quelque chose d'extraordinaire ; parfois rêveuse et préoccupée, elle passait furtivement la main sur son front

comme pour dissiper une pensée qui l'obsédait.
Nous nous demandions s'il n'y avait pas
quelque anguille sous roche, lorsque le père se
présenta à la maison.

— Pour la première fois de sa vie, dit-il,
Jeanne nous donne un peu d'inquiétude. Voici
ce qui se passe. Jadis, nous n'avions ici que
deux bals publics par an, l'un à « l'assemblée »,
et l'autre à la « Saint-Éloi ». Ma foi, ces jours-
là, la jeunesse s'en donnait à cœur joie. Garçons
et filles se conduisaient avec décence, et tout se
passait le mieux du monde.

Depuis deux ou trois ans, des jeunes gens de
Marcilly qui ont été musiciens au régiment,
organisent chaque dimanche un bal dans la
grange d'un cabaretier. Beaucoup de jeunes
filles s'y rendant, Jeanne a désiré les imiter.
À force de tourmenter sa mère, elle l'a décidée
à l'y conduire, au commencement de l'hiver
dernier. Là, elle a fait la connaissance du fils
d'un chétif cultivateur de la commune, qui a
nom Legris. Ce petit jeune homme est employé
chez Dupaiset qui tient ici boutique de rouen-
nerie, à l'enseigne de « la Belle Fermière ».
Toujours mis à la mode, avec ses cheveux
plaqués et sa moustache frisée, il vous prend
des airs vainqueurs.

Mais il se trompe s'il croit en imposer aux

gens sensés. L'habit ne fait pas le moine. On
sait ce qu'en vaut l'aune de tous les faiseurs
d'embarras, et les manières de celui-là ne me
reviennent pas du tout. Il court d'ailleurs de
forts vilains bruits sur son compte. Il faut
vous dire que la fille de Colombier, le vigneron
qui reste au bout du pays, une habituée, elle
aussi, du nouveau bal de Marcilly, est déshonorée.

La malheureuse ! Elle a désespéré ses parents
qui sont bien estimés par tout le monde. Leur
chagrin, je vous l'assure, fait pitié à voir. Depuis
que ce malheur est arrivé, à peine osent-ils
mettre le pied dehors. Or, chacun dit tout bas
que c'est le fils Legris qui est l'auteur de tout
le mal. Peut-être songe-t-il maintenant à faire
sa dupe de notre Jeanne.

Ma femme m'a raconté qu'au bal de la mi-
août, il s'était montré plus que jamais empressé
auprès d'elle. Jeanne n'ignore pas ce qu'on dit
de lui, mais notre beau conteur de sornettes
lui aura sans doute jeté de la poudre aux yeux,
car, depuis, la pauvre enfant est toute triste,
sans vouloir nous dire ce qui cause sa peine.

Je voudrais que ce petit jeune homme fût à
cent lieues d'ici. Dimanche dernier, en l'aper-
cevant qui croisait la rue devant moi, la mou-
tarde m'est montée au nez. Si je n'avais craint
de faire esclandre, je lui aurais appliqué une

bonne paire de giffles sur ses deux joues. Mais je m'applaudis de n'avoir pas cédé à la tentation, car ses prévenances pour Jeanne sont connues, et les mauvaises langues n'auraient pas manqué de s'exercer aux dépens de la pauvre enfant qui auraient pâti plus que lui de ma colère. Je ne sais comment empêcher ce mauvais gars-là de tourner la tête de ma fille.

— Je suis plus attristé, que surpris de ce qui vous arrive. D'ordinaire, un bal public n'est pas une école de vertu et l'on en sort moins bon qu'on n'y était entré. Sans doute, à Marcilly, la plupart des jeunes gens s'y rendent avec des intentions honnêtes. Les mœurs ne sont pas encore corrompues dans votre village, et les familiarités de garçons et de filles ayant grandi ensemble, n'ont rien qui froisse la pudeur. Malheureusement, pour les jeunes gens pervertis par le séjour des garnisons et des villes, les plaisirs permis n'offrent plus aucun attrait ; c'est ainsi que, dans les bals publics, l'on rencontre des « Legris » animés d'intentions coupables. Si quelque malheureuse prête l'oreille à leurs propos mensongers, ils n'ont plus qu'une pensée : la déshonorer, puis l'abandonner lâchement dès que leur passion est satisfaite. Les jeunes filles que la vigilance maternelle protège dans ces lieux, sont évidem-

ment moins exposées que d'autres aux dangers
de la séduction ; cependant les postures peu
décentes, les plaisanteries grossières de certains
danseurs ne sont pas de nature à les édifier.
Il sied bien aussi à nos beaux suborneurs de
les griser avec les grands mots dont ils ont la
mémoire remplie par les romans-feuilletons ;
dans de jeunes cervelles échauffées par le plaisir,
il en reste toujours quelque chose.

— Il n'en faut pas d'avantage, si j'en juge par
notre Jeanne, pour troubler l'esprit d'une enfant
qui ignore le vice. C'est là un vilain jeu qui
pourrait mal finir. Nous étant très soumise,
elle ne se plaindra pas si sa mère cesse brus-
quement de la conduire au bal ; mais nous
craignons qu'elle n'en ressente du chagrin et
surtout, qu'on n'interprète malicieusement notre
détermination. Notre dépit serait grand si la
médisance pouvait effleurer sa bonne renommée.

— La conduite des autres peut nous apprendre
à nous conduire nous mêmes. Quand une jeune
fille voit tomber sa compagne, elle évite — si
elle est prudente — de mettre le pied à la
place où était le sien, car cette place est glissante.
Les ennuis que vous éprouvez en ce moment
doivent vous faire mettre un terme à des faiblesses
qui n'ont que trop duré. Parmi les pères de
famille, nul ne pourra désapprouver votre

résolution, et les plus sensés vous voyant marcher droit, tâcheront de vous suivre dans le bon chemin.

J'irai plus loin : il appartient au maire de la commune d'user de toute son influence pour supprimer ces nouveautés malsaines ; rétablir les anciens usages dont vous me parliez tout à l'heure, et qu'un puritanisme exagéré oserait seul blâmer, voilà le but auquel doivent tendre tous ses efforts.

Si vous craignez que le séjour du village ne soit actuellement pénible pour votre Jeanne, vous pouvez nous la confier pendant quelques semaines. Nous l'emmènerons avec nous à la ville où on l'emploiera aux travaux de son état qui ne manquent jamais dans un ménage comprenant plusieurs enfants. Le séjour de la ville et le changement d'habitudes exerceront sur elle une heureuse influence. Au milieu de nous, elle oubliera et les bals publics de Marcilly, et le Don Juan de village qu'elle y a rencontré ; ainsi se dissipera le nuage qui avait troublé pendant un instant la sérénité de son âme.

— Vous êtes vraiment trop bon pour nous, monsieur. Ma femme, je n'en doute pas, acceptera avec reconnaissance votre offre obligeante ; quant à ma fille, je vous l'ai dit, elle n'a jamais résisté aux volontés de ses parents.

IX

Du mariage de Jeanne Brissonnet ; conditions favorables dans lesquelles il a lieu.

Deux ou trois mois passés avec nous avaient rendu à Jeanne Brissonnet sa gaieté habituelle et l'avait guérie de son goût pour les bals publics, comme une nuit de bon sommeil guérit d'une migraine.

Vers les premiers jours du mois de janvier 1889, elle retourna à Marcilly près de ses parents impatients de la revoir. Leur désir était du reste facile à concevoir pour nous qui avions su apprécier tout le mérite de leur fille. Sans doute, elle n'avait reçu qu'une modeste éducation, mais elle possédait la chasteté du cœur plus rare de nos jours qu'on ne le croit généralement. Issue d'honnêtes gens, élevée dans le travail, elle était douée de toutes les qualités qui font les bonnes épouses et les bonnes mères de famille. Sans être coquette, elle apportait toujours dans sa toilette un certain goût qui l'aurait peut-être fait remarquer, si la décence de son maintien n'eût attesté qu'elle ne cherchait à plaire à personne. Mais nous avions toujours pensé que lorsqu'elle aurait pris pour époux l'homme de son choix, elle s'efforcerait de se l'attacher tout entier par ces séductions permises qui sont les meilleures armes des femmes vertueuses, puisqu'elles retiennent le mari au foyer domestique.

Au mois d'août dernier, Brissonnet est venu m'annoncer qu'il se présentait deux partis pour sa fille aînée. Mais, ajouta-t-il, comme elle vient à peine de prendre ses vingt ans, rien ne nous presse de la marier.

— A vous de décider, mon brave homme ; vous êtes meilleur juge de la question que moi, mais je ne vois guère la nécessité d'attendre, d'autant moins que vos deux filles cadettes seront bientôt en âge d'être pourvues à leur tour.

« Les plus accommodants, ce sont les plus habiles,
On hasarde de perdre à vouloir trop gagner ».

— Le choix est embarrassant, car les partis qu'on nous propose, ont l'un et l'autre leurs côtés avantageux.

Le premier des épouseurs, âgé de 25 ans, est le fils aîné de Beauvallet, cultivateur à

Marcilly, qui va lui céder son modeste attirail de culture. La famille est honnête et le jeune homme, robuste et rangé, ne déplait pas à Jeanne.

Le second est le fils unique d'une sœur de ma femme, mariée avec Bauleu, vigneron à Belard-sur-Ouche. Claude, mon neveu, est doux comme un mouton et courageux comme un lion.

N'ayant pas eu de charges de famille, ses parents ont pu mettre beaucoup d'argent de côté. Devenus riches, ils sont devenus ambitieux ; ils ont eu des visées trop hautes et frappé à des portes qui ne se sont pas ouvertes devant leur fils ; c'est ainsi qu'il a passé le bel âge pour se marier, car il court sa trente-cinquième année.

Aujourd'hui, tous sont lassés d'attendre. Le temps les a rendus sages, et ils ont compris que le moment était venu de se montrer accommodants. Comme il s'agit d'un mariage en famille, agréable à ma femme et à ses vieux parents, si ma fille disait oui, je ne pourrais pas dire non.

— Que pense-t-elle votre fille ?

— Elle a de la sympathie pour le fils Beauvallet, mais elle n'a pas non plus d'aversion pour son cousin, comprenant du reste la force des raisons qui plaident en faveur de ce dernier. Somme toute, elle remet son sort entre nos mains ; pour elle, ce que nous ferons sera bien fait.

— Bien que nous soyons à l'âge de fer, mon ami, l'or jouit d'une grande puissance, et aujourd'hui les qualités des jeunes gens à marier pèsent moins dans la balance que leurs sacs d'écus. Beaucoup de pères de famille s'imaginent qu'il suffit de donner la fortune aux enfants pour assurer leur avenir ; aussi les voit-on sacrifier tout aveuglément à la richesse. Mais aux illusions dangereuses succède le désenchantement, et trop souvent les enfants sont punis de l'aveuglement des parents. Si cette manière de voir était la vôtre, vos préférences seraient évidemment pour le fils Bauleu.

— Notre ancien curé disait souvent que « l'or est un bon serviteur, mais que c'est un mauvais maître ». Le saint homme avait bien raison. Aussi ne considéré-je pas le mariage de mon enfant comme une affaire d'intérêt. Si elle devait épouser un mari qui ne lui inspirât pas d'affection véritable, elle serait bien malheureuse, quelque riche qu'il fût, car ce n'est pas avec les sacs d'écus qu'elle est appelée à travailler, à causer, à partager sa table et son lit.

— Pourqnoi dès lors ne pas faire choix du fils Beauvallet ? Si j'étais à votre place, je le préférerais à son concurrent, et cela pour deux raisons : d'abord il n'est pas le cousin germain de votre fille ; ensuite il est d'un âge mieux assorti avec le sien.

J'ai appris que, depuis quelque temps, à Marcilly et aux environs, les mariages entre cousins germains devenaient assez fréquents. C'est là une tendance fâcheuse. Les grands parents se montrent d'ordinaire partisans de ces sortes d'unions, espérant empêcher ainsi le morcellement de leurs héritages, mais ils ont tort de fermer les yeux sur les dangers de leurs combinaisons.

Les médecins affirment que les enfants de cousins germains sont souvent moins forts et moins intelligents que les autres. Regardez autour de vous. et vous reconnaîtrez que la science a raison. J'admets que votre femme et sa sœur aient le désir d'unir leurs enfants, et je ne suis pas non plus surpris que vos beaux parents vous poussent dans cette voie. Mais vous, père de famille, sur qui pèse la plus grande part de responsabilité, vous devez envisager l'avenir. Votre neveu est de quatorze ou quinze ans plus âgé que votre fille ; c'est trop pour un époux. L'une a la belle humeur, la franche gaieté de ses vingt ans ; l'autre a passé l'heureux temps de la jeunesse ; il touche à l'âge mûr et les déceptions

qu'il a éprouvées ont pu assombrir son caractère ;
il est donc à craindre que votre fille ne trouve pas
dans son commerce les agréments qu'elle souhai-
terait chez un mari.

— Parbleu ! Monsieur, interrompit Brissonnet,
je serais bien fou de ne pas reconnaître la sagesse
de vos observations. J'aime bien mon neveu,
mais...... le bonheur de ma fille avant tout ! De
ce pas je vais lui annoncer que décidément le
fils Beauvallet est le gendre qu'il me faut. Elle
n'en sera pas contrariée, je vous le promets.

Dans les premiers jours du mois d'octobre
suivant, on a célébré en grande pompe, à
Marcilly-sur-Saône, le mariage de Jeanne Brissonnet et de Claude Beauvallet ; l'un et l'autre,
au comble de leurs vœux, se sont promis solen-
nellement la fidélité dans l'amour, la communion
dans le bonheur, l'assistance dans l'infortune.
J'étais aux noces avec les miens. La santé, la
jeunesse, l'espérance aux ailes d'azur, voilà,
pensais-je, toute leur richesse ; mais combien
d'autres époux, comblés des dons de la fortune,
ne possèdent pas autant de gages d'une heureuse
union !

Tous les parents des Beauvallet et des Brissonnet, même les Bauleu, sans compter beaucoup d'amis, assistaient au banquet où ne cessa
de régner une gaieté de bon aloi.

Quand le moment fut venu, chacun porta son toast. Je me levai à mon tour et, après avoir bu à la santé des mariés, j'ajoutai :

« Je leur souhaite beaucoup d'enfants, car Dieu bénit les nombreuses familles ».

— Oui, interrompit le père Bauleu, d'un air goguenard. « Dieu les bénit et les met sur la paille » ; c'est le dicton de Belard-sur-Ouche.

— Tant pis, repris-je vivement, si ce proverbe a cours à Belard ; mais j'espère qu'il sera toujours banni de Marcilly — « Un enfant, pas d'enfant ; souvenez-vous en, mon brave homme ».

Mon interlocuteur baissa la tête sans répliquer. La série des toasts terminée, les jeunes gens nous chantèrent quelques chansons, notamment « les grands bœufs », de Dupont, et « les adieux de Marie Stuart à la France », très populaires en Bourgogne, pendant que les gens de service mettaient la dernière main aux préparatifs du bal.

Le grand Brissonnet, je n'en doute pas, saura établir convenablement tous ses autres enfants, et épargner pour le temps de la vieillesse, car le soleil du matin ne dure pas tout le jour.

Entouré de l'affection des siens et de l'estime de tous, il jouira ainsi du bonheur sur la terre, en attendant la récompense promise dans le ciel à l'homme qui aura aimé le travail et la vertu.

TABLE

———

PAGES

Ier   *Entretien avec Brissonnet.* Comment Brissonnet s'est établi à Marcilly-sur-Saône ; ses idées sur le bonheur des riches et le malheur des pauvres. Droit de propriété et droit de succession ; travail manuel et travail intellectuel ; parvenus et désœuvrés.   **1**

IIe   Élections législatives de 1876. Brissonnet hésite à voter. Il gémit sur le mal que les révolutions et les partis ont causé à la France. Dangers de l'indifférence politique. Si l'on peut compter sur le prochain établissement en France d'un gouvernement définitif. Intolérance de quelques camarades de Brissonnet. Garanties que l'on doit exiger de tout candidat aux fonctions électives............ **26**

IIIe   Dissentiments entre Brissonnet et sa femme ; quelle en est l'origine. Conseils au mari pour rétablir la paix du ménage **54**

IVe   Le nouveau curé de Marcilly et le conseil municipal sont en désaccord. On excite Brissonnet à cesser d'envoyer son fils au catéchisme ; dangers de semblables conseils. Nécessité d'un culte religieux. Séparation de la religion et de la politique....... **68**

V⁰   Le fils Brissonnet obtient son certificat
        d'études primaires ; sa mère veut
        l'envoyer à Arcis comme employé de
        bureau ; témérité de ce projet. Le
        père mieux avisé lui fait faire son
        apprentissage dans son atelier.....   90

VI⁰   Le fils Brissonnet commence à fré-
        quenter les cabarets ; inquiétudes
        de ses parents ; comment on parvient
        à le soustraire à ce péril.........   101

VII⁰   Brissonnet se lamente de ce que son
        fils est appelé à faire son service
        militaire ; pourquoi ses plaintes sont
        injustes. Conseils donnés au jeune
        soldat...........................   112

VIII⁰   Des jeunes gens de Marcilly établissent
        un bal public chez un cabaretier du
        village. Jeanne Brissonnet s'y rend,
        accompagnée de sa mère. Assiduités
        dont elle est l'objet ; son père se
        décide à lui interdire l'entrée du bal. 122

IX⁰   Du mariage de Jeanne Brissonnet.
        Conditions favorables dans lesquelles
        il a lieu.........................   128

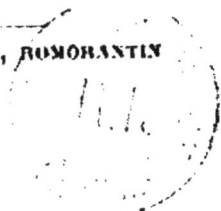

IMPRIMERIE PAUL CARRO, ROMORANTIN

www.ingramcontent.com/pod-product-compliance
Lightning Source LLC
Chambersburg PA
CBHW070810290326
41931CB00011BB/2187